Dedicado a:

𝒫ara: _____

𝒟e: _____

ℱecha: _____

Los Misterios de Dios Revelados

Dr. Jose Zapico

Nuestra Visión

Alcanzar las naciones llevando la autenticidad de la revelación de la Palabra de Dios, para incrementar la fe y el conocimiento de todos aquellos que lo anhelan fervientemente; esto, por medio de libros y materiales de audio y video.

Publicado por
JVH Publications
11830 Miramar Pwky
Miramar, Fl. 33025
Derechos reservados

© 2014 JVH Publications (Spanish edition)
Segunda Edición 2014
© 2014 Jose Zapico © 2014 Esteban Zapico
Todos los derechos reservados.

ISBN 1-59900-019-9

© Jose Zapico. Reservados todos los derechos. Ninguna porción ni parte de esta obra se puede reproducir, ni guardar en un sistema de almacenamiento de información, ni transmitir en ninguna forma por ningún medio (electrónico, mecánico, de fotocopias, grabación, etc.) sin el permiso previo de los editores. La única excepción es en breves citas en reseñas impresas.

Diseño de la portada e interior: Esteban Zapico
Impreso en USA
Printed in USA
Categoría: Escatología

DEDICATORIA

Este libro va dedicado a todos aquellos que son parte de la Iglesia triunfante de Jesucristo y a cada uno de sus siervos fieles en todas las naciones del mundo, aquellos que tienen un anhelo ardiente por ver que el Reino de Dios se extienda en el cumplimiento de la Revelación de los Misterios de Dios.

ÍNDICE

Prefacio
Introducción   1

Capítulo 1   7
¿Qué Es Misterio?

Capítulo 2   27
¿Qué Es Revelación?

Capítulo 3   49
Los Misterios Revelados

Capítulo 4   61
El Misterio del Reino de los Cielos

Capítulo 5   89
El Misterio del Endurecimiento de Israel

Capítulo 6   103
El Misterio de la Salvación en Jesucristo

Capítulo 7   111
El Misterio de Cristo

Capítulo 8   117
El Misterio de Cristo en la Esperanza de Gloria

Capítulo 9   125
El Misterio de la Iglesia

Capítulo 10   133
El Misterio del Arrebatamiento de la Iglesia

Capítulo 11   171
El Misterio de la Iniquidad

Capítulo 12   183
El Misterio de la Piedad

Capítulo 13   203
El Misterio de Dios

Epílogo   207

Bibliografía   213

PREFACIO

Bien temprano en la Revelación escrita, la Palabra de Dios registra: "Las cosas secretas pertenecen a Jehová nuestro Dios; más las reveladas son para nosotros y para nuestros hijos para siempre, para que cumplamos todas las Palabras de esta ley" Deuteronomio 29:29.

De esta manera el Señor indicaba que la modalidad divina al dar su "Palabra profética" sería, que la misma incluiría "cosas secretas o misterios" que en "su tiempo" El las revelaría: Daniel 12:9.

Estos "misterios" han despertado la inquietud y deseo en el corazón de muchos Siervos de Dios, de la Iglesia y aún en aquellos que no son cristianos, de conocer acerca de su misterioso mensaje.

Lamentablemente estos "misterios" han sido mal interpretados y por ende mal aplicados, no satisfaciendo el sano deseo del conocimiento, creando así la necesidad de una interpretación correcta que nos pueda descifrar tan profundos "misterios".

Damos gracias a Dios por el Evangelista Internacional, Dr. José Zapico, quien con un agudo "don profético", nos transcribe la Revelación que Dios le ha dado sobre tan delicado tema en este interesante libro.

Estoy seguro que el Espíritu de Dios le ha dado al Dr. Zapico, la capacidad de interpretar los misterios de Dios, pues le conozco desde hace 27 años y doy fe que es un hombre de Dios con un amor profundo por la Palabra, de su fidelidad interpretativa del texto bíblico y de una "Unción de Revelación" puestas de manifiesto en sus mensajes predicados en los grandes eventos evangelísticos realizados por América Latina, los Estados Unidos, Europa y África; en las conferencias que le he oído impartir y en las enseñanzas plasmadas en sus libros anteriormente escritos.

El Ministerio Profético se inicia en la época de Samuel, pero es con el profeta Isaías que se inicia la Época de la "Profecía Escrita", por ello al igual que este gran profeta y la gran pléyade de profetas de Dios que le siguieron, el Dr. Zapico nos abre en las páginas de este libro de una manera magistral, seria y responsable, cada uno de los "misterios de Dios", en una forma sana, ortodoxa, bíblica y sencilla, interpretando así su misterioso mensaje.

"La Revelación de los Misterios de Dios", es un libro que enriquecerá el conocimiento escritural sobre el tema y así mismo edificará enormemente la vida espiritual de todo aquel que lo obtenga y lea.

Estimado lector, te animo a que saques un

tiempo especial para leer este libro detenidamente y te alimentes de su rico contenido asegurándote que su lectura te afectará de una manera significativa, pues como dice el texto antiguo citado al principio, que la revelación es dada "para que cumplamos todas las palabras de esta ley".-

Vicente Martínez Navarijo
Pastor IDPA "EBEN-EZER"
Quetzaltenango-Guatemala, C.A.

INTRODUCCIÓN

Estamos viviendo en una hora en la cual es de gran necesidad entender a totalidad el propósito de Dios para la raza humana especialmente para todos los hijos de Dios.

La intención de escribir este libro ha sido por la sencilla razón de que cada lector pueda alcanzar un conocimiento más amplio de Dios, y analizar con detenimiento **la Revelación de Sus Misterios.**

Si bien Dios siempre se ha reservado ciertos misterios ocultos a través de las edades, otros los fue revelando según Su Voluntad Divina, a través de los tiempos. Queremos analizar los que han sido desvelados para poder traer una mayor comprensión al conocimiento establecido. Esto traerá, sin lugar a dudas, un crecimiento mayor espiritual, y una más excelente calidad de vida cristiana.

En este libro queremos esclarecer la diferencia bien demarcada que existe entre lo místico y lo oculto del mundo de las tinieblas, con lo que es la verdadera revelación de **los misterios divinos.** A estos, Dios le plació revelar primeramente a sus siervos los profetas, y estos a la vez, los trasmitieron por escrito a su amada Iglesia.

En medio de tantas redes de conspiración

satánicas que se han movido desde el principio de la caída de Adán y Eva hasta ahora, Satanás ha logrado traer confusión acerca de la verdad. Dios por medio del poder del Espíritu Santo, ha determinado seguir revelando a los escogidos la verdad, traída con sencillez a través de las enseñanzas de Jesús. Estos fueron los verdaderos misterios escondidos en lo secreto de Su Presencia.

Cumpliéndose así las palabras relevantes, cuando Pablo determinó decir: *"cosa que ojos no vio, ni oído escuchó, ni ha subido a corazón de hombre, son las que Dios ha preparado para aquellos que le aman".*

Está escrito que "lo secreto pertenece a Dios, más lo revelado nos corresponde a nosotros". Esto desafía a cada creyente a buscar y profundizar más y más a Dios, y en su Voluntad Divina. Esto a la vez proporcionará un entendimiento y enriquecimiento mayor en la vida cristiana.

"Dios es bueno, todo el tiempo". Esta es tu hora, es el tiempo de la Iglesia, es la estación que Dios te ha dado para que le conozcas mejor y disfrutes de sus grandezas inescrutables.

Jesús hace miles de años atrás, enseñó con parábolas a sus discípulos, los misterios del Reino de Dios, los misterios de Cristo, y los misterios de su cuerpo; la Iglesia. En este libro analizaremos todos ellos. Estos misterios estaban guardados para la Iglesia, nunca antes habían sido revelados.

En aquella misma hora Jesús se regocijó en el Espíritu, y dijo: Yo te alabo, OH Padre, Señor del cielo y de la tierra, porque escondiste estas cosas de los sabios y entendidos, y las has revelado a los niños. Sí, Padre, porque así te agradó. Lucas 10:21

El **misterio de Cristo**, se manifestó en lo que es la máxima expresión dada por Dios a los hombres, el indiscutible y grande misterio de la piedad. Este está envuelto de gracia y misericordia, mientras a la vez se hace latente **el misterio del endurecimiento de Israel**, hasta que el tiempo de los gentiles llegue a su plenitud.

Es evidente que al tener una revelación de todos estos misterios, no dejamos de reconocer que estos principios nos muestran con claridad la profundidad de la sabiduría de Dios.

Analizaremos lo que existe dentro del **misterio de iniquidad**. Este se exhibe con tenacidad progresiva sobre la humanidad con sus diferentes intentos por obra de Satanás para tratar de confundir a la raza humana. Sabiendo que son estos, uno de sus últimos intentos en estos tiempos decisivos.

En medio de todo este desvelar, descubriremos la esperanza maravillosa que aguarda a la Iglesia fiel y verdadera de Jesucristo y que cada vez se hace más cercana. Es el acontecimiento maravilloso del cual habla la Biblia; **el misterio del arrebatamiento.** Esta es la verdad revelada donde muestra, la esperanza que los santos tendrán con Cristo, el novio amado.

Sin lugar a dudas, todo esto nos indica que *La Revelación de los Misterios de Dios*, son el hoy y el sí profético de Dios para la Iglesia, Israel, y el mundo. También nos da a entender, que sólo Dios tiene el control de todo, y que lo determinando será llevado a cabo, cuando El lo determine.

Hay una voluntad divina que se manifiesta constantemente por encima de las circunstancias adversas, tal como las escrituras lo indican.

"porque Dios ha puesto en sus corazones el ejecutar lo que El quiso, ponerse de acuerdo, hasta que se cumplan las palabras que El ha determinado".

Espero que mientras leas este libro el Espíritu Santo, lleve tu vida a un mayor sometimiento a Él, teniendo una revelación contundente, de todos estos misterios maravillosos. Así, poder proyectar en tu vida confianza y seguridad, para caminar por encima de las dificultades alcanzando todas las bendiciones que este conocimiento te dará para crecimiento en tu vida cristiana.

Los autores

CAPÍTULO 1

"Mas hablamos sabiduría de Dios en misterio, la sabiduría oculta, la cual Dios predestinó antes de los siglos para nuestra gloria."
1 Corintios 2:7

¿Qué Es Misterio?

¿Qué Es Misterio?

El significado de la palabra "*misterio*", en la raíz griega es: *conocimiento retenido, oculto, o en silencio*, y para ello se utiliza la palabra /musterion/.

*"Mas hablamos sabiduría de Dios en **misterio**, la sabiduría oculta, la cual Dios predestinó antes de los siglos para nuestra gloria, la que ninguno de los príncipes de este siglo conoció; porque si la hubieran conocido, nunca habrían crucificado al Señor de Gloria".* 1 Corintios 2:7-8.

En el griego bíblico es: *"una verdad no revelada"*, oculta hasta ahora del conocimiento humano y de ser entendida, pero conocida solo por la revelación de Dios.

/Musterion/ tiene que ver con secreto, o enseñanza el cual lo conoce el que lo posee, nadie más.

Es evidente resaltar que estos misterios no transforman la fe cristiana en una fe mistica, rara o aun misteriosa. Se trata de lo que era sombra en el Antiguo Pacto de lo que había permanecido oculto ahora por la voluntad de Dios mismo sale a luz, si aquellos misterios que ahora son revelados, estos pasan hacer parte de los fundamentos de la fe cristiana.

La idea en cuanto al misterio de Dios, tiene que ver con la revelación dado a conocer por el Espíritu de Dios, a todos aquellos que están en Cristo. Si bien han estado escondidos para el hombre natural, a todos aquellos que no se le ha revelado la verdad del evangelio, siendo el objetivo principal el conocer a Cristo, su obra y su redención.

En su carta a los Corintios, el Apóstol Pablo se refiere en el párrafo "mas hablamos sabiduría de Dios", a la diferencia de la sabiduría griega (a la cual los corintios que eran griegos, estaban acostumbrados a tener, su propia religión y filosofía por sus antiguos maestros), y la sabiduría de Dios que proviene exclusivamente del Espíritu de Dios al espíritu humano.

Esta sabiduría dada por el Espíritu de Dios es la que revela los misterios de Dios escondidos al corazón de los hijos de Dios.

El apóstol Pablo fue uno de los siervos más destacados prominentemente, en desvelar los secretos de Dios a través de sus cartas escritas. Al ser escritos inspirados por el Espíritu de Dios, eso fue, y es la prueba de la autenticidad que tenemos de las Sagradas Escrituras.

Como dice el apóstol Pedro: *entendiendo primero esto, que ninguna profecía de la*

¿Qué Es Misterio?

Escritura es de interpretación privada, ya que: Toda la Escritura es inspirada por Dios. 2 Timoteo 3: 16

Sólo por el Espíritu de Dios es traída toda revelación. Ya que este conoce y escudriña todas las cosas, aún lo profundo de Dios.

Nadie puede saber las cosas de Dios sino su Espíritu Santo, que es uno con el Padre y uno con el Hijo. El cual ha dado a conocer los misterios a su Iglesia. Siendo ella misma uno de los misterios escondidos revelados para consolación a los que creen.

El Espíritu de Dios capacitó a sus siervos, los apóstoles, para dar a conocer los propósitos de Dios, a todo aquel que con fe sencilla cree El Evangelio.

La mente de Cristo y la mente de Dios en el Señor nos han sido dadas a conocer plenamente en la Palabra de Dios. A todos aquellos que alcanzan madurez espiritual por la gracia de Dios, (ya que todo don perfecto proviene de Dios) logrando alcanzar a desarrollar en su corazón la mente de Cristo en ellos por el Espíritu de Dios.

"Y al que puede confirmaros según mi evangelio y la predicación de Jesucristo, según la revelación del **misterio** que se ha mantenido oculto desde tiempos eternos, pero que ha sido manifestado ahora, y que por las Escrituras de los *profetas, según el mandamiento del Dios eterno, se ha dado a conocer a todas las gentes para que obedezcan a la fe" Romanos 16:25-26.*

Aunque los profetas desvelaron en parte al Mesías y su obra redentora, siempre permaneció cierta revelación, como a través de un velo.

Los profetas escribieron por Inspiración Divina acerca del sufrimiento y muerte del que sería enviado, más cuando estuvo entre ellos no se les abrió el entendimiento, y lo rechazaron como el Mesías.

Aún los discípulos de Jesús tenían el entendimiento entenebrecido para entender las parábolas y las cosas que Jesús les enseñaba, no pudiendo ver con claridad hasta que el maestro mismo, sopló sobre ellos y les abrió el entendimiento.

Entonces les abrió el entendimiento, para que comprendiesen las Escrituras; y les dijo: Así está escrito, y así fue necesario que el Cristo padeciese, y resucitase de los muertos al tercer día; y que se predicase en Su Nombre el arrepentimiento y el perdón de pecados en todas las naciones, comenzando desde Jerusalén. Y vosotros sois testigos de estas cosas. Lucas 24:45-48

A pesar de éste milagro dudaron de su resurrección y no entendieron las cosas que estaban sucediendo hasta que en la Fiesta del

Pentecostés, en el aposento alto, recibieron el bautismo del Espíritu Santo.

¡Cuán importante es recibir el Santo Espíritu a plenitud ya que sólo El da a nuestras vidas el conocer a Jesucristo y su verdad reveladora!

Dándonos a conocer el **misterio** *de su voluntad, según su beneplácito, el cual se había propuesto en sí mismo. Efesios 1:9*

Su buena voluntad es parte del carácter de Dios, ya que Él es bondadoso y tiene buenos deseos para bendecir a sus hijos. Él se propuso en su Voluntad Divina dar a conocer sus misterios. Se había propuesto revelarse a sí mismo en plenitud a sus amados escogidos para que se regocijaran en su amor y en su misericordia.

Para que ellos se deleitaran en Su Gracia, que no es más que su amor derramado a través de Jesucristo nuestro Redentor.

"*Según su beneplácito*", es decir "*su deseo*", o su buen placer de dar a conocer el misterio escondido. Esta revelación, que hasta ese entonces había sido mantenido en secreto, el misterio dado a través de la sabiduría divina, **reunir todas las cosas en Cristo.**

"*misterio que en otras generaciones no se dio a conocer a los hijos de los hombres, como ahora es revelado a sus santos apóstoles y profetas por el Espíritu: Efesios 3:5*

La Revelación de los Misterios de Dios

Los lavados en la sangre de Jesús tienen el privilegio más grande jamás concebido y es de recibir la revelación de Jesucristo. Nunca se hubiera podido conocer o entender si no hubiera sido por la buena voluntad de Dios, de revelarlo a sus santos apóstoles y profetas por el Espíritu de Dios.

*"El **misterio** que había estado oculto desde los siglos y edades, pero que ahora ha sido manifestado a sus santos"* Colosenses 1:26

Los pensamientos secretos, los planes, y las dispensaciones de Dios que permanecieron escondidas por siglos, para la humanidad, fueron revelados a los creyentes de Jesucristo.

*"y de aclarar a todos cuál sea la dispensación del **misterio** escondido desde los siglos en Dios, que creó todas las cosas; para que la multiforme sabiduría de Dios sea ahora dada a conocer por medio de la Iglesia a los principados y potestades en los lugares celestiales"* Efesios 3:9-10.

Aún estos misterios estaban ocultos para los principados y potestades, por eso enfatiza el Apóstol Pablo: si los príncipes de este mundo lo hubieran sabido, no hubieran matado al Cristo de la gloria en la cruz.

Las potestades espirituales son más sabias que el hombre, poseen capacidades más elevadas por ser criaturas espirituales ya que no están

¿Qué Es Misterio?

limitados a la tierra como el hombre.

Sin embargo al hombre se le ha dado la oportunidad **de ser adoptado para ser hijo de Dios,** además se le ha revelado el misterio de Cristo y de su Iglesia como hemos estado analizando.

A través del conocimiento de los misterios de Dios abrimos nuestros ojos espirituales.

Quizás para muchos cuando se habla de la terminología misterios, no siente mayor interés en conocer en forma directa aquello que Dios ha revelado por medio de su Palabra escrita. Pero estamos viviendo en una etapa donde el engaño y la mentira, se hace cada vez más real, avanzando por medio de la apostasía sagaz. Esta se infiltra en forma sutil en las mentes de los humanos confundiéndolos cada vez más. A menos que no seamos llevados a una mayor y genuina revelación por medio del Espíritu Santo, de quienes somos, y quien es Jesucristo en Dios, no podríamos detectar fácilmente las artimañas del enemigo.

El hecho de conocer más profundamente los misterios de Dios, nos hará estables y seguros, para no ser movidos por cualquier viento de doctrina y enseñanza transgiversada y errónea.

¿Con cuanta frecuencia nos confrontamos, con aquellos que niegan cada vez más los principios y fundamentos establecidos por la palabra de

Dios?

Hoy en día es común oír de aquellos predicadores que han distorsionado y cambiado el concepto puro y fiel de la enseñanza bíblica, por seguir doctrina de demonios. Es verdad que muchas sectas, religiones y sociedades secretas son dirigidas por misterios y misticismos escondidos, y no dejan que estos sean divulgados entre ellos mismos, pero la Palabra de Dios no se refiere a ese tipo de misterio, que Dios nos habla con relación a su revelación

Hay miles de creyentes que no son motivados a buscar más profunda y sinceramente a Dios y a todo lo que Él se ha dispuesto dar. Creo profundamente que el conformismo y la apatía son dos instrumentos nocivos que Satanás emplea para producir un estado de estancamiento y sequedad espiritual en los creyentes.

Es hora de sacudirse de esta apatía adormecedora y de sus efectos dañinos para pedir a Dios una mayor manifestación de su Palabra revelada. Esto hará que se levanten creyentes blandiendo con tenacidad y fe la espada del Espíritu contra las corrientes impetuosas del engaño.

Hay otras clases de misterios que no son los de Dios

¿Qué Es Misterio?

Desde tiempos remotos y antiguos, de acuerdo a las diferentes civilizaciones, muchas de ellas practicaban una serie de ritos y sacramentos cargados de misterios. A medida que hombres agnósticos profundizaban más sobre lo oculto, estas filosofías tomaban fuerza entre los interesados, llevando a cabo los planes malévolos y destructivos de las tinieblas a las diferentes razas.

Leamos lo que dice el nuevo diccionario bíblico ilustrado, que define lo que son los misterios de las religiones y practicas diversas de misticismo.

1. Esto viene de la palabra /misterion/ de la palabra que deriva de /muein/ que quiere decir "cerrar la boca". Esto tenía que ver con aquellos secretos que eran impartidos solo a los que se "iniciaban" (gnósticos) en una forma y practica de lo oculto, que tenía que ser mantenido en secreto.--

2. Al irse desacreditando más y más los cultos a los diversos dioses nacionales celebrados públicamente, fueron surgiendo y alcanzado más importancia los cultos de carácter exclusivo, reservados solo a los que estaban dispuestos a pasar por una serie de ceremonias de iniciación y a mantener un secreto riguroso ante los no iniciados.

Muchos de los antiguos dioses tenían cultos adicionales de este tipo, pero además también se daban cultos de misterios sin relación alguna con los cultos populares.

Entre los antiguos griegos, "los misterios" eran ritos religiosos y ceremonias que se practicaban en el seno de las sociedades secretas, consiguiendo ser recibido aquel que lo deseaba. Los que eran iniciados en estos "*misterios*" venían a ser poseedores de un cierto conocimiento que no se impartía a los no iniciados, y por esto recibían el nombre de "iluminados".
Famosos entre ellos eran:

- Los *eleusinos*, que gozaban de la protección oficial del estado de Atenas.
- Otros, de carácter más privado (no oficiales) eran los misterios *órficos*, ligados a Dionisio.
- De origen egipcio había el de Isis y Serapis;
- De Persia provenía el mitraísmo, que tenía gran cantidad de adeptos por todo el imperio por el siglo III D.C.

Las principales características de estas religiones de misterio pueden resumirse en lo siguientes puntos:

3. En contra de la concepción popular de que estas religiones daban a "los iniciados" una revelación de verdades profundas y de conocimientos esotéricos, lo que hacían en realidad era proveer satisfacción a los deseos de expresión emocional y mística, que no se llevaban a cabo en los cultos oficiales.

¿Qué Es Misterio?

Aristóteles señalaba: *no se da una instrucción determinada, sino que más bien se lleva a los adeptos a un estado mental determinado, no con enseñanza, o con contenidos, sino más bien con símbolos y sugerencias.*

4. Se llevaba a cabo una ceremonia mística de unión del adepto con la deidad, como garantía de una eternidad bienaventurada; en ello generalmente jugaba un gran papel el antiguo mito de Adonis, (llamado Vampirismo hoy en día) muriendo y volviendo a la vida, garantizando así con ello la feliz vida de ultratumba a sus adeptos (diosa Venus).

5. Las ceremonias iban cargadas de símbolos del poder reproductivo y germinativo de la naturaleza, combinado con las ideas acerca de la inmortalidad humana. (Los Templarios)

6. Los ritos eran estrictamente secretos. Pero el exclusivismo de estas religiones de misterios se refería solo a aquellos que no expresaban sus deseos de iniciarse con ellos. Por otra parte, había una amplia admisión para todos los que quisieran tomar parte en ellos, *previa iniciación.* (como la Masonería actual)

Los Misterios de Dios

No es así cuando hablamos de los misterios de

Dios, todo aquello que de Él procede, en su tiempo y soberanía le place revelarlo, es para compartirlo abiertamente con todos los creyentes.

Si conoces más y más de su revelación, eso te llevará a gozar de Su Presencia. También te mantendrá en una actitud de búsqueda y consagración, anhelando estar más cerca cada día de Él.

Las cosas secretas pertenecen a Jehová nuestro Dios; mas las reveladas son para nosotros y para nuestros hijos para siempre, para que cumplamos todas las palabras de esta ley. Deuteronomio 29:29.

La palabra secreto viene de la raíz hebrea /cathar/ esta tiene que ver con ocultar, encubrir, esto es, con aquello que se ocultará cuidadosamente.

Y dijo: Yo soy el Dios de tu padre, Dios de Abraham, Dios de Isaac, y Dios de Jacob. Entonces Moisés cubrió su rostro, porque tuvo miedo de mirar a Dios. Éxodo 3:6.

Luego metió el arca en el tabernáculo, y puso el velo extendido, y ocultó el arca del testimonio, como Jehová había mandado a Moisés. Éxodo 40:21

Señor, delante de ti están todos mis deseos, Y mi suspiro no te es oculto. Salmos 38:9

¿Qué Es Misterio?

"Así que, no los temáis; porque nada hay encubierto, que no haya de ser manifestado; ni oculto, que no haya de saberse" Mateo 10:26

"Y al que puede confirmaros según mi evangelio y la predicación de Jesucristo, según la revelación del misterio que se ha mantenido oculto desde tiempos eternos" Romanos 16:25

Los misterios de Dios, son las cosas secretas que le pertenecen a Él, siendo desconocidos para los humanos, mas cuando llega el momento en la perfecta voluntad de Dios que El los revela ya dejan de ser desconocidos. Estos misterios tienen que ver con el programa de Dios revelado, asi lo declara el profeta Daniel en su libro:

Para que pidiesen misericordias del Dios del cielo sobre este misterio, a fin de que Daniel y sus compañeros no pereciesen con los otros sabios de Babilonia. Daniel 2:18 NTV

Daniel respondió delante del rey, diciendo: El misterio que el rey demanda, ni sabios, ni astrólogos, ni magos ni adivinos lo pueden revelar al rey. Daniel 2:27 NTV

Pero hay un Dios en los cielos, el cual revela los misterios, y él ha hecho saber al rey Nabucodonosor lo que ha de acontecer en los postreros días. He aquí tu sueño, y las visiones

que has tenido en tu cama: Daniel 2:28 NTV
Estando tú, oh rey, en tu cama, te vinieron pensamientos por saber lo que había de ser en lo por venir; y el que revela los misterios te mostró lo que ha de ser. Daniel 2:29 NTV

Y a mí me ha sido revelado este misterio, no porque en mí haya más sabiduría que en todos los vivientes, sino para que se dé a conocer al rey la interpretación, y para que entiendas los pensamientos de tu corazón. Daniel 2:30 NTV

El rey habló a Daniel, y dijo: Ciertamente el Dios vuestro es Dios de dioses, y Señor de los reyes, y el que revela los misterios, pues pudiste revelar este misterio. Daniel 2:47 NTV

Beltsasar, jefe de los magos, ya que he entendido que hay en ti espíritu de los dioses santos, y que ningún misterio se te esconde, declárame las visiones de mi sueño que he visto, y su interpretación. Daniel 4:9 NTV

A Job se le hacen unas preguntas acerca de los misterios de Dios.

»¿Puedes tú resolver los misterios de Dios? ¿Puedes descubrir todo acerca del Todopoderoso? Job 11:7

¿Qué Es Misterio?

»Él descubre los misterios escondidos en la oscuridad; trae luz a la más profunda penumbra. Job 12:22

Jesús mismo afirmo en su ministerio y enseñando a sus propios discipulos lo siguiente:

El respondiendo, les dijo: Porque a vosotros os es dado saber los misterios del reino de los cielos; mas a ellos no les es dado. Mateo 13:11 NTV

Y les dijo: A vosotros os es dado saber el misterio del reino de Dios; mas a los que están fuera, por parábolas todas las cosas; Marcos 4:11 NTV

Y él dijo: A vosotros os es dado conocer los misterios del reino de Dios; pero a los otros por parábolas, para que viendo no vean, y oyendo no entiendan. Lucas 8:10 NTV

Aun el Apostol Pablo resalta la palabra misterio en sus diferentes cartas diciendo:

Porque no quiero, hermanos, que ignoréis este misterio, para que no seáis arrogantes en cuanto a vosotros mismos: que ha acontecido a Israel endurecimiento en parte, hasta que haya entrado la plenitud de los gentiles; Romanos 11:25 NTV

La Revelación de los Misterios de Dios

Y al que puede confirmaros según mi evangelio y la predicación de Jesucristo, según la revelación del misterio que se ha mantenido oculto desde tiempos eternos, Romanos 16:25 NTV

Mas hablamos sabiduría de Dios en misterio, la sabiduría oculta, la cual Dios predestinó antes de los siglos para nuestra gloria, 1 Corintios 2:7 NTV

Así, pues, téngannos los hombres por servidores de Cristo, y administradores de los misterios de Dios. 1 Corintios 4:1

Porque el que habla en lenguas no habla a los hombres, sino a Dios; pues nadie le entiende, aunque por el Espíritu habla misterios. 1 Corintios 14:2 NTV

He aquí, os digo un misterio: No todos dormiremos; pero todos seremos transformados, 1 Corintios 15:51 NTV

Dándonos a conocer el misterio de su voluntad, según su beneplácito, el cual se había propuesto en sí mismo, Efesios 1:9 NTV

que por revelación me fue declarado el misterio, como antes lo he escrito brevemente, Efesios 3:3 NTV

¿Qué Es Misterio?

leyendo lo cual podéis entender cuál sea mi conocimiento en el misterio de Cristo, Efesios 3:4 NTV

misterio que en otras generaciones no se dio a conocer a los hijos de los hombres, como ahora es revelado a sus santos apóstoles y profetas por el Espíritu. Efesios 3:5 NTV

y de aclarar a todos cuál sea la dispensación del misterio escondido desde los siglos en Dios, que creó todas las cosas; Efesios 3:9 NTV

Grande es este misterio; mas yo digo esto respecto de Cristo y de la iglesia. Efesios 5:32 NTV

y por mí, a fin de que al abrir mi boca me sea dada palabra para dar a conocer con denuedo el misterio del evangelio, Efesios 6:19 NTV

el misterio que había estado oculto desde los siglos y edades, pero que ahora ha sido manifestado a sus santos. Colosenses 1:26 NTV

El comentarista Chafer, comentado sobre Efesios 3:5, describe lo siguiente:

No se podrá encontrar una definición mejor del misterio del Nuevo Testamento que la establecida en este contexto. El misterio del

La Revelación de los Misterios de Dios

Nuevo Testamento es una verdad hasta entonces retenida, o escondida...en Dios, pero entonces revelada. La suma total de todos los misterios del Nuevo Testamento representa ese cuerpo completo de verdad adicional que se encuentra en él, y que no fue revelada en el Antiguo Testamento. Por otra parte, el misterio del Nuevo Testamento debe distinguirse del misterio de los cultos de Babilonia y Roma, cuyos secretos fueron sellados y mantenidos bajo pena de muerte; porque el misterio del Nuevo Testamento, cuando se revela, es para que sea declarado hasta los fines de la tierra, y está restringido solo hasta el grado de limitación del hombre natural.

Especialmente en el Nuevo Testamento encontramos la palabra *misterio* empleada en 27 ocasiones diferentes. Cuando se utiliza esta palabra es para dar referencia, pasando luego a ser una verdad revelada con relación al tiempo presente.

CAPÍTULO 2

"Pero el hombre natural no percibe las cosas que son del Espíritu de Dios, porque para él son locura, y no las puede entender, porque se han de discernir espiritualmente." 1 Corintios 2:14

¿Qué Es Revelación?

¿Qué Es Revelación?

Cuando la Biblia menciona la palabra revelar o revelación, esto tiene que ver con un *descorrer del velo*, a fin de que podamos recibir entendimiento profundo sobre la manera en que la palabra de Dios intenta obrar en nuestras vidas

Pero el hombre natural no percibe las cosas que son del Espíritu de Dios, porque para él son locura, y no las puede entender, porque se han de discernir espiritualmente. 1 Corintios 2:14.

Cuando la Biblia habla del hombre natural, no regenerado, la cual es controlado y gobernado por los instintos naturales (opuesto al espiritual).

Pero éstos, hablando mal de cosas que no entienden, como animales irracionales, nacidos para presa y destrucción, perecerán en su propia perdición,
2 Pedro 2:12.

Tiene que ver con personas que están bajo el dominio de Satanás y son esclavas de los deseos de la carne, viven de acuerdo a los deseos del mundo, se sienten bien, practicando y viviendo ese estilo de vida. Continuamente son regidos por los instintos naturales, tal como dice el Apóstol Pedro.

La Revelación de los Misterios de Dios

Tiene que ver con todos aquellos que rechazan de una forma abierta y deliberada el camino recto que el Señor Jesucristo ha trazado para que el hombre experimente la salvación.

La persona que no es espiritual no puede jamás entender los propósitos de Dios, ni recibir su revelación. Para comprender todo aquello que viene de Su Palabra y de Su mismo Espíritu, hay que nacer de nuevo.

El centro de esta realidad, es que el hombre natural confía en sus propios razonamientos, intelectualismo, sentimientos y habilidades humanas. Para llegar a Dios y conocerlo a plenitud hay que humillarse y buscar su presencia.

La Biblia también habla del hombre espiritual, este es, aquella persona regenerada y transformada por medio del poder y unción del Espíritu Santo. Todos aquellos que han tenido un encuentro personal con Jesucristo y su revelación Divina, deben de andar en el Espíritu y no satisfacer la "naturaleza humana, la que es de Adán".

¿Te has preguntado alguna vez cómo puede el hombre o la mujer llegar a ser esa persona espiritual? ¿Cómo puede ser instruida y enseñada por la revelación de Dios?

Estos son algunos de los pasos a seguir:

¿Qué Es Revelación?

1. Uno de los primero pasos es poder reconocer y aceptar a Jesucristo como la única fuente de salvación y vida eterna.

2. Estar dispuesto a ser transformado y cambiado por el Espíritu Santo.

3. Entender que somos llamados a vivir una nueva vida en Dios.

4. Quitar toda desobediencia que es el pecado que impide tener la comunión con Dios.

5. Resistir firmemente toda tentación y deseo de la carne.

6. Evitar la contaminación con el mundo.

7. Tomar la decisión firme que no se puede participar de las cosas del Señor y de las de Satanás al mismo tiempo.

La palabra revelar en el Nuevo Testamento tiene que ver con:

1. El correr del velo de tinieblas, que cubría a los gentiles, ante la intervención de Jesucristo.

2. *Luz para revelación a los gentiles, Y gloria de tu pueblo Israel. Lucas 2:32.*

La Revelación de los Misterios de Dios

Y destruirá en este monte la cubierta con que están cubiertos todos los pueblos, y el velo que envuelve a todas las naciones. Isaías 25:7.

3. El mostrar el misterio, del propósito de Dios en esta edad.

El que puede confirmaros según mi evangelio y la predicación de Jesucristo, según la revelación del misterio que se ha mantenido oculto desde tiempos eternos. Romanos 16:25.

Que por revelación me fue declarado el misterio, como antes lo he escrito brevemente, Efesios 3:3.

4. La comunicación del conocimiento de Dios.

Para que el Dios de nuestro Señor Jesucristo, el Padre de gloria, os dé espíritu de sabiduría y de revelación en el conocimiento de él. Efesios 1:17.

5. Una expresión nacida de Dios para la instrucción y edificación de la iglesia.

¿Que hay, pues, hermanos? Cuando os reunís, cada uno de vosotros tiene salmo, tiene doctrina, tiene lengua, tiene revelación, tiene interpretación. Hágase todo para la edificación. 1 Corintios 14:-26.

La palabra **revelar** viene también de la acción de la raíz griega, /apokalupt/ que significa desvelar, develar, descubrir, y esto consiste en:

6. Así que, no los temáis, porque nada hay encubierto, que no haya de ser manifestado; ni oculto, que no ha de saberse. Mateo 10:26.

La revelación de Dios tiene que ver con dos áreas, la subjetiva y la objetiva:

1. La subjetiva tiene que ver con aquello que es presentado directamente a la mente, como el significado de los actos de Dios.

En aquel tiempo, respondiendo Jesús, dijo: Te alabo, Padre, Señor del cielo y de la tierra, porque escondiste estas cosas de los sabios y de los entendidos, y las revelaste a los niños. Mateo 11:25.

En aquella misma hora Jesús se regocijó en el espíritu, y dijo: Yo te alabo. OH Padre, Señor del cielo y de la tierra, porque escondiste estas cosas de los sabios y entendidos, y las has revelado a los niños. Sí, Padre, porque así te agradó. Lucas 10:21.

2. Tiene que ver con el secreto de la persona del Señor Jesucristo.

Entonces le respondió Jesús: Bienaventurado eres, Simón, hijo de Jonás, porque no te lo reveló carne ni sangre, sino mi Padre que está en los cielos. Mateo 16:17.

Para que se cumpliese la palabra del profeta Isaías, que dijo: Señor, ¿quién ha creído a nuestro anuncio? ¿Y a quién se ha revelado el brazo del Señor? Juan 12:38.

3. Conocer el carácter de Dios como Padre.

Todas las cosas me fueron entregadas por mi Padre; y nadie conoce al Hijo, sino el Padre, ni al Padre conoce alguno, sino el Hijo, y aquel a quien el Hijo lo quiera revelar. Mateo 11:27.

Todas las cosas me fueron entregadas por mi Padre; y nadie conoce quién es el Hijo sino el Padre; ni quién es el Padre, sino el Hijo, y aquel a quien el Hijo lo quiera revelar. Lucas 10:22.

4. Conocer la voluntad de Dios, en la conducta y forma de actuar de sus hijos.

Así que, todos los que somos perfectos, esto mismo sintamos; y si otra cosa sentís, esto también os lo revelará Dios. Filipenses 3:15.

5. El dar a conocer sus propósitos a los profetas de la Iglesia de Jesucristo.

"Misterio que en otras generaciones no se dio a conocer a los hijos de los hombres, como ahora es revelado a sus santos apóstoles y profetas por el Espíritu:" Efesios 3:5.

¿Qué Es Revelación?

La revelación objetiva tiene que ver con lo siguiente:

1. La verdad declarada a los hombres por medio del evangelio.

Porque en el evangelio la justicia de Dios se revela por fe y para fe, como está escrito: Mas el justo por la fe vivirá. Romanos 1:17.

Pero Dios nos las reveló a nosotros por el Espíritu; porque el Espíritu todo lo escudriña, aún lo profundo de Dios. 1 Corintios 2:10.

Pero antes que viniese la fe, estábamos confinados bajo la ley, encerrados para aquella fe que iba a ser revelada. Gálatas 3:23.

2. Un encuentro impactante como el de Jesucristo a Pablo en el camino a Damasco.

…revelar a su Hijo en mí, para que yo le predicase entre los gentiles, no consulté en seguida con carne y sangre. Gálatas 1:16.

3. Los Pensamientos antes ocultos en el corazón, revelados.

4. *…y una espada traspasará tu misma alma), para que sean revelados los pensamientos de muchos corazones. Lucas 2:35.*

Estos también pueden ser referentes al futuro, la venida gloriosa de Nuestro Señor Jesucristo.

Así será el día en que el Hijo del Hombre se manifieste. Lucas 17:30.

5. Tiene que ver también con la salvación y gloria que esperan al creyente.

Pues tengo por cierto que las aflicciones del tiempo presente no son comparables con la gloria venidera que en nosotros ha de manifestarse. Romanos 8:18.

Que sois guardados por el poder de Dios mediante la fe, para alcanzar la salvación que está preparada para ser manifestada en el tiempo postrero. 1 Pedro 1:5

Ruego a los ancianos que están entre vosotros, yo anciano también con ellos, y testigo de los padecimientos de Cristo, que soy también participante de la gloria que será revelada: 1 Pedro 5:1

6. Conocer el verdadero valor y entrega en cuanto a la forma de servir al Señor.

Porque la ira de Dios se revela desde el cielo contra toda impiedad e injusticia de los hombres que detienen con injusticia la verdad. 1 Corintios 3:13.

7. La respuesta de Dios, a través del sacrificio de la cruz, contra el pecado y en la gran

revelación de Jesucristo, el único y suficiente Salvador.

Porque la ira de Dios se revela desde el cielo contra toda impiedad e injusticia de los hombres que detienen con injusticia la verdad; Romanos 1:18

También revelación tiene que ver, con la enseñanza o la predicación bajo la Unción del Santo Espíritu, que ayuda a la gente a ver la gloria de Cristo y la manifestación de su presencia,

La palabra revelación tiene que ver con dos aplicaciones según las enseñanzas de la Biblia:

Las Sagradas Escrituras son conocidas también como "La Palabra Revelada de Dios".

Para entender lo que es la revelación particular de Dios, hay una palabra en hebreo que es conocida como /Yada/, esta se usa para expresar un concepto particular de revelación.

Veamos los ejemplos:

- Dios se da a conocer mediante hechos de revelación, por ejemplo ejecutando juicio contra los impíos.

Jehová se ha hecho conocer en el juicio que ejecutó; En la obra de sus manos fue enlazado el malo. *Salmos 9:16.*

- Liberando a su pueblo.

Y veréis, y se alegrará vuestro corazón, y vuestros huesos reverdecerán como la hierba; y la mano de Jehová para con sus siervos será conocida, y se enojará contra sus enemigos. Isaías 66:14.

- También se revela a través de la palabra hablada, como lo hizo a través de los mandamientos que dio a Moisés.

Y les di mis estatutos, y les hice conocer mis decretos, por los cuales el hombre que los cumpliere vivirá.
Ezequiel 20:11.

- Por las promesas como las que dio a David.

Todas estas grandezas has hecho por tu palabra y conforme a tu corazón, haciéndolas saber a tu siervo.
2 Samuel 7:21.

- Por lo tanto Dios revela su persona de esta manera por la ley y la promesa.

Y edificó allí un altar, y llamó al lugar El-bet-el, porque allí le había aparecido Dios, cuando huía de su hermano. Génesis 35:7.

- Hay una palabra que se utiliza en el

¿Qué Es Revelación?

Antiguo Testamento y esta es "se descubre", cuando esto se refiere a Dios, significa que *"El Señor se revela a si mismo"*.

También se revela al oído de una persona para comunicarle algo, tal como lo declara el texto a continuación.

Y un día antes que Saúl viniese, Jehová había revelado al oído de Samuel, diciendo... 1 Samuel 9:15.

Esto tiene que ver con "descubierto al oído".

En este caso, el significado de la acción no solo es el hecho de decir, sino el de informar a alguien acerca de algo que no se sabía.

Cuando se utiliza en este sentido hay una palabra en hebreo que se menciona esta es /galah/ indica "revelación de secretos", aún de los sentimientos más íntimos.

Pero, OH Jehová de los ejércitos, que juzgas con justicia, que escudriñas la mente y el corazón, vea yo tu venganza de ellos; porque ante ti he expuesto mi causa. Jeremías 11:20.

El profeta Jeremías establece: "ante ti he expuesto mi causa", esto es en la misma aplicación de la palabra *galah*, esta se refiere al hecho de dar a conocer ampliamente o promulgar.

Esto tiene que ver también con algo *no sellado* sino abierto.

Dios traía revelación a su pueblo, con un sólido fundamento, a fin de que le agradaran al serle obediente y fieles solo a Él.

Y haz lo recto y bueno ante los ojos de Jehová, para que te vaya bien, y entres y poseas la buena tierra que Jehová juró a tus padres. Deuteronomio 6:18.

Dios por medio de su palabra revela su rectitud y sus bendiciones para su pueblo. El conocer a Dios, es tener un íntimo conocimiento práctico de Él.

Es así que Faraón niega conocer a Jehová, y por lo tanto rehúsa reconocer su autoridad sobre él.

Y Faraón respondió: ¿Quién es Jehová, para que yo oiga su voz y deje ir a Israel? Yo no conozco a Jehová, ni tampoco dejaré ir a Israel. Éxodo 5:2

Esto es significativo, conocer a Dios es lo mismo que temerle en una actitud reverencial, servirle y confiar plenamente en El.

Tú oirás en los cielos, en el lugar de tu morada, y harás conforme a todo aquello por lo cual el extranjero hubiere clamado a ti, para que todos los pueblos de la tierra conozcan tu nombre y te teman, como tu pueblo Israel, y entiendan que

¿Qué Es Revelación?

tu nombre es invocado sobre esta casa que yo edifiqué. *1 Reyes 8:43.*

Y tú, Salomón, hijo mío, reconoce al Dios de tu padre, y sírvele con corazón perfecto y con ánimo voluntario; porque Jehová escudriña los corazones de todos, y entiende todo intento de los pensamientos. Si tú le buscares, lo hallarás; mas si lo dejares, él te desechará para siempre. 1Crónicas 28:9.

Vosotros sois mis testigos, dice Jehová, y mi siervo que yo escogí, para que me conozcáis y creáis, y entendáis que yo mismo soy; antes de mí no fue formado dios, ni lo será después de mí. Isaías 43:10.

– La ley de Dios y los profetas son el resultado de la revelación divina, lo cual describe a todo el Antiguo Testamento como revelado.

Porque no hará nada Jehová el Señor, sin que revele su secreto a sus siervos los Profetas. *Amos 3:7.*

Aquí la palabra "revele" tiene que ver nuevamente con la raíz /galah, lo cual significa descubrir, develar, abrir, mostrar abiertamente, desnudar, exponer, salir.

Este texto tiene que ver con la revelación, exposición, descubrimiento y apertura de los planes secretos del Señor a sus profetas, quienes han sido llamados a ser sus siervos.

El Señor de acuerdo a la enseñanza del Antiguo Testamento, no hacía nada, con respeto a su pueblo Israel, sin antes revelarles sus planes a los profetas.

Cuando Dios les revelaba algo, ellos tenían la responsabilidad de proclamar la profecía y advertencia a todo el pueblo, acerca de los juicios de Dios.

Ya no os llamaré siervos, porque el siervo no sabe lo que hace su señor; pero os he llamado amigos, porque todas las cosas que oí de mi Padre, os las he dado a conocer. Juan 15:15

Sino que en los días de la voz del séptimo ángel, cuando El comience a tocar la trompeta, el misterio de Dios se consumará, como El lo anunció a sus siervos los profetas. Apocalipsis 10:7

- En el Nuevo Testamento, esta palabra también se aplica a las escrituras, las cuales son parte del canon completo de la Biblia, o sea que el contenido de la Palabra de Dios está completo.

El Nuevo Testamento denota, no lo que es misterioso, como sucede con el término castellano; sino aquello que, estando más allá de la posibilidad de ser conocido por medios naturales, solo puede llegarse a saber por revelación divina; y se hace saber de una manera específica y en un tiempo señalado por Dios.

El Espíritu Santo nos da revelación así como el texto lo indica. Con todo el esfuerzo que como humanos podamos hacer tanto leer como memorizar las escrituras, **es necesario que al hacerlo, dependamos continuamente de la revelación de Dios. Esto será lo único más seguro para la edificación y fortaleza de nuestras vidas.**

De ahí que los términos que guardan una relación directa con este tema sean los siguientes:

- *"dado a conocer"*
- *"revelado"*
- *"declarado"*

Estos hechos maravillosos, nos dan a conocer sus propósitos, nos revelan los secretos y tesoros escondidos, para que lo declaremos abiertamente a todas las naciones. Esto no es para encerrarlo en un lugar, ni para esconderlo, sino para proclamarlo en todo lugar.

La Revelación Produce un Verdadero Conocimiento

La Revelación producirá un verdadero conocimiento, de lo que es Dios en toda la expresión de su gloria.

La palabra conocimiento viene de la raíz griega /*ginosko*/, que significa estar tomando en conocimiento, venir a saber, reconocer, entender o entender totalmente.

Es en el sentido de un conocer completo y absoluto de parte de Dios, se usa como ejemplo la relación que existe entre Jesucristo el Hijo y su Padre celestial.

Entonces les dijo: Vosotros sois los que os justificáis a vosotros mismos delante de los hombres; mas Dios conoce vuestros corazones; porque lo que los hombres tienen por sublime, delante de Dios es abominación.
Lucas 16:15

Así como el Padre me conoce, y yo conozco al Padre; y pongo mi vida por las ovejas. Juan 10:15.

Y otra vez: El Señor conoce los pensamientos de los sabios, que son vanos. *1Corintios 3:20.*

En el Nuevo Testamento, *ginosko* indica una relación entre la persona que conoce y lo que ha conocido, a este respecto lo que es conocido es de valor e importancia para aquel que conoce.

De este principio es que viene el verdadero conocimiento de Dios.

Pero si alguno ama a Dios, es conocido por él.

¿Qué Es Revelación?

1Corintios 8:3.

Mas ahora, conociendo a Dios, o más bien, siendo conocidos por Dios, ¿cómo es que os volvéis de nuevo a los débiles y pobres rudimentos, a los cuales os queréis volver a esclavizar? Gálatas. 4:9

Tal conocimiento nunca se obtiene por simplemente una actividad intelectual, sino por medio de la operación contínua y permanente del Espíritu Santo.

/Ginosko/ tiene que ver con un conocimiento en progreso o aumento, mientras que también hay otra palabra en griego que es /oida/ esta tiene que ver con **plenitud de conocimiento.**

Pero vosotros no le conocéis; mas yo le conozco, y si dijere que no le conozco, sería mentiroso como vosotros; pero le conozco, y guardo Su Palabra. Juan 8:55

Jesús hablo acerca de estos dos términos diciendo: *vosotros no le conocéis /ginosko/* señalando: *estáis empezando a conocerle, pero yo le conozco (oida).* Era como decirles yo le conozco perfectamente.

Respondió Jesús y le dijo: Lo que yo hago, tú no lo comprendes ahora; mas lo entenderás después. Juan 13:7

Jesús hablando a Pedro le declaró no lo

comprendes ahora, no lo puedes percibir ahora, mas lo entenderás, le estaba diciendo mas podrás conocerle /ginosko/.

Si me conocieseis, también a mi Padre conoceríais; y desde ahora le conocéis, y le habéis visto. Juan 14:7

Jesús habló acerca de esa relación que existían con el Padre, y por medio de Él o sea su revelación, podría conocer al Padre. Ellos por medio de Jesucristo experimentarían progresivamente el poder conocerle.

El Señor dio una impactante advertencia, nunca os conocí, en esta parte *ginosko* quiere decir, "nunca he estado en una relación de aprobación hacia vosotros".

Y entonces les declararé: Nunca os conocí; apartaos de mí, hacedores de maldad. Mateo 7:23.

Mas él, respondiendo, dijo: De cierto os digo, que no os conozco. Mateo 25:12.

En este texto quiso decir, "no tenéis relación alguna conmigo, no me habéis conocido, no habéis anhelado mi revelación para conocerme".

No es suficiente todo lo que podamos hacer o decir, sino el poder conocerle a Él cada día más íntimamente, por medio de la entrega y

¿Qué Es Revelación?

rendición incondicional, manteniendo una verdadera comunión cada día, viviendo en Su perfecta voluntad.

La revelación de la Palabra de Dios, seguida de un deseo sincero de obedecer y aceptar sus enseñanzas en nuestras vidas diariamente, producirá un mayor conocimiento de Él en nosotros.

CAPÍTULO 3

"Pero hay un Dios en los cielos, el cual revela los misterios, y Él ha hecho saber al rey Nabucodonosor lo que ha de acontecer en los postreros días. He aquí tu sueño, y las visiones que has tenido en tu cama:" Daniel 2:28

Los Misterios Revelados

Los Misterios Revelados

Esto es con relación a los secretos de Dios, sus consejos y propósitos los cuales son desconocidos por los hombres pero revelados en las Sagradas Escrituras por medio de sus siervos los profetas.

Y Daniel entró y pidió al rey que le diese tiempo, y que él mostraría la interpretación al rey. Luego se fue Daniel a su casa e hizo saber lo que había a Ananías, Misael, y Azarías, sus compañeros, para que pidiesen misericordia del Dios del cielo sobre este misterio, a fin de que Daniel y sus compañeros no pereciesen con los otros sabios de Babilonia. Entonces el secreto fue revelado a Daniel en visión de noche, por lo cual bendijo Daniel al Dios del cielo. Y Daniel habló y dijo: Sea bendito el nombre de Dios de siglos en siglos, porque suyos son el poder y la sabiduría. El muda los tiempos y las edades; quita reyes, y pone reyes; da la sabiduría a los sabios, y la ciencia a los entendidos. El revela lo profundo y lo escondido; conoce lo que está en tinieblas, y con él mora la luz. A ti, OH Dios de mis padres, te doy gracias y te alabo, porque me has dado sabiduría y fuerza, y ahora me has revelado lo que te pedimos; pues nos has dado a conocer el asunto del rey. Después de esto fue Daniel a Arioc, al cual el rey había puesto para matar a los sabios de Babilonia, y le dijo así: No mates a los sabios de Babilonia; llévame a la presencia del rey, y yo le mostraré la interpretación. Entonces Arioc llevó prontamente a Daniel ante el rey, y le dijo así: He hallado un varón de los deportados de Judá, el cual dará al rey la interpretación. Respondió el rey y dijo a Daniel, al cual llamaban Beltsasar: ¿Podrás tú hacerme conocer el sueño que vi, y su interpretación?

Daniel respondió delante del rey, diciendo: El misterio que el rey demanda, ni sabios, ni astrólogos, ni magos ni adivinos lo pueden revelar al rey. Pero hay un Dios en los cielos, el cual revela los misterios, y él ha hecho saber al rey Nabucodonosor lo que ha de acontecer en los postreros días. He aquí tu sueño, y las visiones que has tenido en tu cama: Estando tú, OH rey, en tu cama, te vinieron pensamientos por saber lo que había de ser en lo por venir; y el que revela los misterios te mostró lo que ha de ser. Y a mí me ha sido revelado este misterio, no porque en mí haya más sabiduría que en todos los vivientes, sino para que se dé a conocer al rey la interpretación, y para que entiendas los pensamientos de tu corazón. Daniel 2:18-23; 27-3

Dios otorgó a Daniel y a sus compañeros, conocimiento e inteligencia, por cuanto ellos determinaron consagrarse y serles fiel, Dios mismo estableció total garantía para ayudarlos y protegerlos, ante cualquier adversidad.

Si usted se mantiene fiel, debe estar confiando y creyendo, que Dios le cubrirá y le dará las fuerzas necesarias para hacer su voluntad deseada.

Daniel declaró con tenacidad y valor, sin duda en su corazón, de que hay un Dios en el cielo, **el cual revela los misterios.** Los sueños que le fueron dados al Rey, a los sabios, adivinos y agoreros de su reino se les fue velado y encubierto. Al profeta se le dio el conocimiento de la verdad exacta. Jamás Daniel tomo para sí, la gloria y la honra que sólo le pertenece a Dios. El honró fielmente a su Dios aquel que en verdad le dio la revelación de esos misterios.

El que tiene una genuina revelación de Dios, tendrá mucho cuidado de no quitarle nunca la gloria que le pertenece aquel que revela sus misterios aquellos que Él ha llamado.

La Biblia nos menciona varios reyes que consultaban a los adivinos, agoreros, hechiceros y magos que tenían en su reino.

Esto lo hizo Faraón, Nabucodonosor, lo repitió Beltsasar, aún Herodes consulto con ellos, la lista sería demasiado larga.

Más ninguno de ellos pudo interponerse cuando Dios se dispuso a actuar. Tampoco lograron interpretar el sueño, ni la escritura en la pared, como tampoco determinar donde nacería el Salvador Jesucristo.

Creo que puede darse cuenta, que cuando Dios

La Revelación de los Misterios de Dios

interviene, cada vez que lo ha hecho en el acontecer de la historia, el poder de las tinieblas y sus instrumentos, no pudieron jamás dar una respuesta y contestación, ante aquellos que la reclamaban.

Esto nos muestra que en esta hora profética, vuelve a repetirse lo mismo, sólo la Iglesia y sus ministros llenos de la unción y el poder del Espíritu Santo, tienen la palabra profética segura.
Solo por medio de ellos Dios dará a conocer su palabra, revelando lo que ningún hombre natural, ni espíritu demoníaco podrá jamás interpretar.

Siempre que Dios habla, lo hace acompañado de revelación para que sus ungidos y fieles entiendan el verdadero mensaje.

El Espíritu de Dios siempre se levanta para confundir a la confabulación de los malvados, adivinos, síquicos, hechiceros y a todos los que invocan a las tinieblas.
En esta hora no son ellos los que tienen la respuesta de los secretos de Dios. La Iglesia debe buscar y orar más para recibir toda inspiración divina para contrarrestar estos movimientos satánicos y diabólicos. Cada vez más, lo oculto se organiza mejor, mientras que la Iglesia se divide.

Solo los que están íntimamente ligados y unidos a la unción fresca del Espíritu Santo, podrán discernir y entender la verdadera y auténtica revelación divina.

En el Nuevo Testamento, en la mayoría de los textos en donde se utiliza el término misterio, tiene que ver con verdades relacionadas con la Iglesia, que no eran conocidas en el Antiguo Testamento.

Que por revelación me fue declarado el misterio, como antes lo he escrito brevemente, leyendo lo cual podéis entender cuál sea mi conocimiento en el misterio de Cristo, misterio que en otras generaciones no se dio a conocer a los hijos de los hombres, como ahora es revelado a sus santos apóstoles y profetas por el Espíritu: que los gentiles son coherederos y miembros del mismo cuerpo, y copartícipes de la promesa en Cristo Jesús por medio del evangelio, Efesios 3:3-6

En el Antiguo Testamento leemos profecías que tienen que ver con la muerte y resurrección de Cristo, y otras revelaciones sumamente importantes.

Sin embargo lo que nunca se mencionó fue, la Iglesia, y este presente y actual tiempo de gracia, estas enseñanzas y doctrinas son los misterios, de la cual nos menciona el Nuevo Testamento.

Y al que puede confirmaros según mi evangelio y la predicación de Jesucristo, según la revelación del misterio que se ha mantenido

oculto desde tiempos eternos, pero que ha sido manifestado ahora, y que por las Escrituras de los profetas, según el mandamiento del Dios eterno, se ha dado a conocer a todas las gentes para que obedezcan a la fe, al único y sabio Dios, sea gloria mediante Jesucristo para siempre. Amén.
Romanos 16:25-27

La Palabra misterios tiene que ver con las verdades reveladas en la Biblia, aunque permaneciendo en lo secreto o escondido de Dios, son verdades no reveladas al no creyente ya que no las puede entender o discernir espiritualmente.

Sin embargo, hablamos sabiduría entre los que han alcanzado madurez; y sabiduría, no de este siglo, ni de los príncipes de este siglo, que perecen. Mas hablamos sabiduría de Dios en misterio, la sabiduría oculta, la cual Dios predestinó antes de los siglos para nuestra gloria, la que ninguno de los príncipes de este siglo conoció; porque si la hubieran conocido, nunca habrían crucificado al Señor de gloria. Antes bien, como está escrito: Cosas que ojo no vio, ni oído oyó, Ni han subido en corazón de hombre, Son las que Dios ha preparado para los que le aman. Pero Dios nos las reveló a nosotros por el Espíritu; porque el Espíritu todo lo escudriña, aun lo profundo de Dios. Porque ¿quién de los hombres sabe las cosas del hombre, sino el espíritu del hombre que está en él? Así tampoco nadie conoció las cosas de Dios, sino el Espíritu de Dios. Y nosotros no hemos recibido el espíritu del mundo, sino el Espíritu que proviene de Dios, para que sepamos lo que Dios nos ha concedido, lo cual también hablamos, no con palabras enseñadas por sabiduría humana, sino con las que enseña el Espíritu, acomodando lo espiritual a lo espiritual. Pero el hombre natural no percibe las cosas que son del Espíritu de Dios, porque para él son locura, y no las puede entender, porque se han de discernir espiritualmente. 1Corintios 2:6-14

Por medio de la Palabra de Dios, el nuevo nacimiento y la revelación permanente del Espíritu Santo, podemos conocer los misterios de Dios.

Los Misterios en la Biblia

En el Nuevo Testamento, este término expresa una acción o dispensación de Dios guardada en secreto hasta la hora precisa y determinada.

Y al que puede confirmaros según mi evangelio y la predicación de Jesucristo, según la revelación del misterio que se ha mantenido oculto desde tiempos eternos, pero que ha sido manifestado ahora, y que por las Escrituras de los profetas, según el mandamiento del Dios eterno, se ha dado a conocer a todas las gentes para que obedezcan a la fe, al único y sabio Dios, sea gloria mediante Jesucristo para siempre. Amén.
Romanos 16:25-27

Es también el momento que el Espíritu Santo

haya preparado al hombre para la recepción de la comunicación.

Y les dijo: A vosotros os es dado saber el misterio del reino de Dios; mas a los que están fuera, por parábolas todas las cosas; Marcos 4:11

Un misterio así revelado no debe ser guardado en secreto, sino al contrario proclamado en público.

El misterio escondido durante el transcurso de los siglos es ahora manifestado y puesto al conocimiento de todas las naciones; este misterio, del que Pablo tuvo conocimiento, no había sido manifestado a las anteriores generaciones, como ha sido revelado ahora por el Espíritu Santo a la Iglesia.

Que por revelación me fue declarado el misterio, como antes lo he escrito brevemente, leyendo, lo cual podéis entender cuál sea mi conocimiento en el misterio de Cristo, misterio que en otras generaciones no se dio a conocer a los hijos de los **hombres, como ahora es revelado a sus santos apóstoles y profetas por el Espíritu: y de aclarar a todos cuál sea la dispensación del misterio escondido desde los siglos en Dios, que creó todas las cosas;**

Para que la multiforme sabiduría de Dios sea ahora dada a conocer por medio de la iglesia a los principados y potestades en los lugares celestiales, Efesios 3:3-5, 9,10.

El misterio que había estado oculto desde los siglos y edades, pero que ahora ha sido manifestado a sus santos, a quienes Dios quiso dar a conocer las riquezas de la gloria de este misterio entre los gentiles; que es Cristo en vosotros, la esperanza de gloria, Colosenses 1:26-27

Así, pues, téngannos los hombres por servidores de Cristo, y administradores de los misterios de Dios. 1Corintios 4:1

El misterio de la cual la Biblia nos da referencia contiene un elemento importante que sobrepasa al hombre que solo es conocido por medio de la revelación dada por el Espiritu Santo, ya que solamente conocemos en parte.

Ahora vemos por espejo, oscuramente; mas entonces veremos cara a cara. Ahora conozco en parte; pero entonces conoceré como fui conocido. 1 Corintios 13:12

Precisaremos la eternidad para sondear las cosas profundas de Dios.

Pablo es uno de los Apóstoles que hace mención con mayor frecuencia de lo que son los distintos misterios de Dios.

Por lo cual en los próximos capítulos podrás leer de estos diversos misterios que se encuentran en el Nuevo Testamento.

CAPÍTULO 4

El respondiendo, les dijo: Porque a vosotros os es dado saber los misterios del reino de los cielos; mas a ellos no les es dado" Mateo 13:11

El Misterio del Reino de los Cielos

El misterio del Reino de los Cielos tiene que ver con la agenda del programa de Dios entre lo que es la primera manifestación de Jesucristo en forma humanizada a este mundo, y su Segunda Venida a esta tierra.

El respondiendo, les dijo: Porque a vosotros os es dado saber los misterios del reino de los cielos; mas a ellos no les es dado. Porque a cualquiera que tiene, se le dará, y tendrá más; pero al que no tiene, aún lo que tiene le será quitado. Por eso les hablo por parábolas: porque viendo no ven, y oyendo no oyen, ni entienden. De manera que se cumple en ellos la profecía de Isaías, que dijo: De oído oiréis, y no entenderéis; Y viendo veréis, y no percibiréis. Porque el corazón de este pueblo se ha engrosado, y con los oídos oyen pesadamente, y han cerrado sus ojos; para que no vean con los ojos, y oigan con los oídos, y con el corazón entiendan, y se conviertan, y yo los sane. Mateo 13:11-15

¿Por qué tan pocas personas pudieron comprender estos misterios? El entender las cosas ocultas de Dios, como en el caso de Pablo, tal vez consista en la humildad ante Dios. Es evidente que durante el ministerio de Jesús El mismo experimentó de un forma tenaz la oposición de los escribas y fariseos en contra de cada una de sus enseñanzas, y es alli que el comienza hablar por parábolas para que los que le rodeaban lo pudieran oír mas no entender. Cuando sus discípulos le preguntaron personalmente a Él, porque lo hacía de esta manera, les respondió:

"Porque a vosotros os es dado saber los misterios del reino de los cielos; mas a ellos no les es dado."

Al principio de su ministerio, Jesús comienza a utilizar las parábolas, como un medio de enseñar las verdades del reino.

Por lo que podemos leer en los cuatro evangelios un total de 40 parábolas pronunciadas, entre las cuales 19 de ellas hacen referencia directas al reino de los cielos y al reino de Dios.

Algunas de estas tienen que ver con un tiempo presente, cuando se establece que el que tiene oídos para oír oiga, es la manera también que el reino se expande y el costo de la adquisición del reino.

Mientras que otras parábolas tienen que ver con un tiempo futuro, enseñando el final trágico que tendrán los que son engañados por el adversario, y el efecto que producirá sobre aquellos que reciban la revelación del evangelio.

Al Señor hablar de los misterios del reino, y marcar un tiempo presente y un tiempo futuro, Él nos está mostrando los dos aspectos extraordinarios que hay, de decir; poderlo vivir en el presente, como así también en el tiempo venidero.

La revelación de los misterios del reino de los cielos es: que en Cristo primero, el hombre y la mujer son restaurados a la comunión con Dios y a su dependencia.

El reino es una realidad de la cual ya podemos comenzar a disfrutar en forma parcial, extendiéndose a todos los habitantes en la faz de la tierra que estén dispuestos a reconocer la redención de Jesucristo en la Cruz, y por medio del poder y la unción del Espíritu Santo que actúa a través de la Iglesia.

En segundo lugar todos aquellos nacidos de nuevo y lavados con su sangre, seremos participantes del reino de los cielos a plenitud, lo que ahora estamos experimentando no es comparable a lo que experimentaremos.

Aunque sí es de entender que en el tiempo presente podemos gozar y disfrutar de su gloria y experimentar en cada momento de nuestra vida Su Presencia, mientras vamos rumbo a la eternidad.

La Revelación de los Misterios de Dios

Bendito sea el Dios y Padre de nuestro Señor Jesucristo, que nos bendijo con toda bendición espiritual en los lugares celestiales en Cristo. Efesios 1:3

Cuando el apóstol Pablo menciona aquí los lugares celestiales, la raíz griega que es utilizada aquí, tiene que ver también con el reino invisible que continuamente rodea nuestras vidas, y todo lo que tenga que ver con nuestras actividad espiritual.

La autoridad que continuamente emana de Jesucristo sobre su Iglesia, en esos misterios del reino de los cielos, se manifiesta continuamente, y está por encima de cualquier poder conocido, está dispuesta para ser derramada hoy.

Y juntamente con él nos resucitó, y asimismo nos hizo sentar en los lugares celestiales con Cristo Jesús. Efesios 2:6

En Cristo hemos participado de su vida en el poder de la resurrección y en su ascensión, al estar estrechamente unidos con El, por eso podemos participar en las manifestaciones de poder de su reino.

Hoy podemos experimentar y disfrutar de su gloria y gozarnos en su presencia contínua, conocer la autoridad que emana siempre de Él, y a la vez entender el glorioso futuro que nos aguarda.

Jesucristo estableció tres propósitos al utilizar las enseñanzas por medio de las parábolas:

1. Era el medio de garantizar, certificar y probar que Él era el Mesías, cumpliéndose así la profecía de Isaías.

Todo esto habló Jesús por parábolas a la gente, y sin parábolas no les hablaba; para que se cumpliese lo dicho por el profeta, cuando dijo: Abriré en parábolas mi boca; Declararé cosas escondidas desde la fundación del mundo. Mateo 13:34-35.

2. Era la forma que Él habría de impartir sus enseñanzas para aquellos que le creyeran.

El respondiendo, les dijo: Porque a vosotros os es dado saber los misterios del reino de los cielos; mas a ellos no les es dado. Mateo 13:11

3. Era la forma en que el oyente incrédulo no entendería la verdad de la cual estaba siendo revelada.

Por eso les hablo por parábolas: porque viendo no ven, y oyendo no oyen, ni entienden. De manera que se cumple en ellos la profecía de Isaías, que dijo: De oído oiréis, y no entenderéis; Y viendo veréis, y no percibiréis. Porque el corazón de este pueblo se ha engrosado, Y con los oídos oyen pesadamente, Y han cerrado sus ojos; Para que no vean con los ojos, Y oigan con los oídos, Y con el corazón entiendan, Y se conviertan, Y yo los sane. Mateo 13:13-15

En todo el evangelio de Mateo, Jesucristo relacionaba su ministerio y propósito con la profecía, de esto deriva la importancia, también la expresión el reino de los cielos.

El Reino de Dios es la Esfera del Gobierno de Dios

Porque de Jehová es el reino, y él regirá las naciones. Salmos 22:28

Tu reino es reino de todos los siglos, Y tu señorío en todas las generaciones. Salmos 145:13

Que te echarán de entre los hombres, y con las bestias del campo será tu morada, y con hierba del campo te apacentarán como a los bueyes, y con el rocío del cielo serás bañado; y siete tiempos pasarán sobre ti, hasta que conozcas que el Altísimo tiene dominio en el reino de los hombres, y que lo da a quien él quiere. Daniel 4:25

Quitó de los tronos a los poderosos, Y exaltó a los humildes. Lucas 1:52

Sométase toda persona a las autoridades superiores; porque no hay autoridades sino de parte de Dios, y las que hay, por Dios han sido establecidas. Romanos 13:1

El reino de Dios es la esfera en la cual, en cualquier momento dado se reconoce su gobierno y autoridad.

Dios jamás ha cedido Su Soberanía frente a la rebelión, sea esta lo mismo demoníaca que humana, sino que El ha declarado afirmarla y confirmarla por encima de todo.

Y en los días de estos reyes el Dios del cielo levantará un reino que no será jamás destruido, ni será el reino dejado a otro pueblo; desmenuzará y consumirá a todos estos reinos, pero él permanecerá para siempre. Daniel 2:44

Y le fue dado dominio, gloria y reino, para que todos los pueblos, naciones y lenguas le sirvieran; su dominio es dominio eterno, que nunca pasará, y su reino uno que no será destruido. Daniel 7:14

Luego el fin, cuando entregue el reino al Dios y Padre, cuando haya suprimido todo dominio, toda autoridad y potencia. Porque preciso es que él reine hasta que haya puesto a todos sus enemigos debajo de sus pies ¡Corintios 15:24-25

Dios continuamente llama a los hombres en todos los lugares del mundo, sin hacer acepción, de raza o color, de clase social o nacionalidad, a que se rinda y acepten en forma voluntaria el señorío de su gobierno y reino.

Por eso es que se dice acerca del reino de Dios,

que es un misterio. Esto jamás se encontrará ni hallará en los poderes infernales, ni de tinieblas ni del propio hombre.

Preguntado por los fariseos, cuándo había de venir el reino de Dios, les respondió y dijo: El reino de Dios no vendrá con advertencia, ni dirán: Helo aquí, o helo allí; porque he aquí el reino de Dios está entre vosotros. Lucas 17:20-21

Este solo se hallará cuando el hombre es capaz de discernir y comprender que por medio de Jesucristo, se nos ha sido revelado la verdadera autoridad y poder del reino de Dios.

Respondió Jesús y le dijo: De cierto, de cierto te digo, que el que no naciere de nuevo, no puede ver el reino de Dios. Juan 3:3.

De acuerdo al programa profético de Dios, en un futuro El establecerá en la tierra por medio de su amado Hijo, lo que será la manifestación visible de su reino lleno de gloria y justicia.

Cuando el Hijo del Hombre venga en su gloria, y todos los santos ángeles con él, entonces se sentará en su trono de gloria, y serán reunidas delante de él todas las naciones; y apartará los unos de los otros, como aparta el pastor las ovejas de los cabritos. Y pondrá las ovejas a su derecha, y los cabritos a su izquierda. Entonces el Rey dirá a los de su derecha: Venid, benditos de mi Padre, heredad el reino preparado para vosotros desde la fundación del mundo.

El Misterio del Reino de los Cielos

Mateo 25:31-34

Por lo cual Dios también le exaltó hasta lo sumo, y le dio un nombre que es sobre todo nombre, para que en el nombre de Jesús se doble toda rodilla de los que están en los cielos, y en la tierra, y debajo de la tierra; y toda lengua confiese que Jesucristo es el Señor, para gloria de Dios Padre. Filipenses 2:9-11

Te encarezco delante de Dios y del Señor Jesucristo, que juzgará a los vivos y a los muertos en su manifestación y en su reino, Y el Señor me librará de toda obra mala, y me preservará para su reino celestial. A él sea gloria por los siglos de los siglos. Amén. 2 Timoteo 4:1,18

La base y el fundamento establecido del Reino de Dios, fue anunciado por el mismo Señor Jesucristo.

Ni dirán: Helo aquí, o helo allí; porque he aquí el reino de Dios está entre vosotros. Lucas 17:21

Esto significa que allí mismo donde está el rey, en ese lugar determinado esta su reino.

Por lo cual en esta hora en el mundo en donde vivimos, el lugar donde se establece el reino de Dios, es en la vida de cada uno de los creyentes fieles en Cristo.

Y también en cada lugar donde se proclama y se engrandece Su Nombre, en cada iglesia

local, cuando en una actitud reverencial y en plena certidumbre de fe se reconoce Su presencia y poder.

Es una firme decisión que hay que tomar cuando reconocemos y aceptamos a Jesucristo en nuestra vida, porque ello significa estar dispuesto a vivir en su gobierno y señorío. Esto tiene que ver con que El sea el Rey de nuestra vida por completo.

Es importante entender que la manera de entrar y disfrutar de todo aquello que es parte del reino de Dios, es por medio del nuevo nacimiento, porque absolutamente nada de lo que el hombre pueda hacer por sus méritos y fuerza propias, o por su intelecto y capacidades naturales, nada de esto le podrá servir, en lo que concierne al reino espiritual.

Y dijo: De cierto os digo, que si no os volvéis y os hacéis como niños, no entraréis en el reino de los cielos. Así que, cualquiera que se humille como este niño, ése es el mayor en el reino de los cielos. Mateo 18:3-4

Uno de los principios del Reino de Dios, es estar dispuesto a obedecer, porque es evidente que solo aquellos que están dispuestos hacer la voluntad de Dios, pueden entrar en su Reino.

No todo el que me dice: Señor, Señor, entrará en el reino de los cielos, sino el que hace la voluntad de mi Padre que está en los cielos.

El Misterio del Reino de los Cielos

Mateo 7:21

Por lo cual, hermanos, tanto más procurad hacer firme vuestra vocación y elección; porque haciendo estas cosas, no caeréis jamás. Porque de esta manera os será otorgada amplia y generosa entrada en el reino eterno de nuestro Señor y Salvador Jesucristo.2 Pedro 1:10-11

Envidias, homicidios, borracheras, orgías, y cosas semejantes a estas; acerca de las cuales os amonesto, como ya os lo he dicho antes, que los que practican tales cosas no heredarán el reino de Dios. Gálatas 5:21

Porque sabéis esto, que ningún fornicario, o inmundo, o avaro, que es idólatra, tiene herencia en el reino de Cristo y de Dios. Efesios 5:5

En el evangelio de Mateo al referirse al término EL Reino de Dios, se utiliza la terminología "el reino de los cielos". Este término también lo podemos leer cuando Pablo le escribe a Timoteo.

Y el Señor me librará de toda obra mala, y me preservará para su reino celestial. A él sea gloria por los siglos de los siglos. Amén. 2 Timoteo 4:18

Cuando se menciona "El Reino de Dios" y "El Reino de los Cielos", son dos expresiones que se utilizan en forma indistinta, esto no significa que sean totalmente idénticas o que tenga que ver con lo mismo.

El apóstol Pablo fue uno de los que mencionó continuamente el Reino de Dios, y como éste se revela a los hombres. Este reino va más allá de las palabras, aquellos que son partes de este reino manifestarán su poder, por medio de la unción del Espíritu Santo.

El Reino de Dios es el concepto en el que Dios mismo se manifiesta para demostrar Su gloria, poder y autoridad, por encima de cualquier engaño y artimaña de Satanás y condición que pueda haber en el mundo.

El Reino de Dios es una plena confirmación del poder de El en acción, comenzando Su gobierno espiritual en los hombres y mujeres que lo aceptan.

Debido al poder y manifestación del poder de Dios, proyectándose sobre la tierra, en estos días proféticos, esto hace temblar y llenar de asombro y pánico al imperio infernal del diablo.

Dios confronta al mundo con su poder y la revelación de Su Palabra viviente, los humanos tienen frente a ellos dos alternativas: someterse y reconocer Su reino en forma voluntaria, o rechazarlo definitivamente.

La manera establecida por Dios para entrar en Su reino es ésta:

Diciendo: El tiempo se ha cumplido, y el reino de Dios se ha acercado; arrepentíos y creed en el Evangelio. Marcos 1:15

El evangelio tiene que ver con respecto a lo que el Señor proclamó durante su ministerio, dando evidencias del gobierno de Dios, y estableciendo los requisitos para entrar en ese reino, esto era: arrepentirse de sus pecados y creer en el evangelio.

La Iglesia primitiva proclamó ese mismo evangelio y mensaje que Jesús anunció, o sea, el evangelio del Reino de Dios, confirmado por evidencias notorias, que era y es la contínua manifestación de Su presencia y voluntad en la tierra.

Sólo existe un evangelio, el que Jesús proclamó, y lo comisionó a sus propios discípulos, y por consiguiente lo encomendó a toda su Iglesia.

Pablo estableció un principio importante: "no recibáis a nadie que trae otro evangelio". Hoy se levantan voces muy extrañas queriendo establecer otro evangelio, en forma sutil y equivoca.

Pero solo hay un evangelio del Reino de Dios, aquel que es proclamado con tenacidad, poder, autoridad, y donde se manifiestan las evidencias que acompañan y confirman ese evangelio con las señales que el mismo Señor declaró.

El Reino de Dios es el poder y autoridad establecido sobre el reino de la tinieblas y el poder de Satanás.
En otras palabras, donde llega el poder del Reino de Dios, allí comienza la destrucción y el romper del gobierno de las tinieblas sobre las almas.

En ese lugar llega la liberación, produciendo libertad a los cautivos y oprimidos, sanidad a los enfermos, milagros para aquellos que están desesperados. También comienza el derramar de la unción fresca y gloriosa del Espíritu Santo, produciendo un movimiento de avivamiento.

Ahora es el juicio de este mundo; ahora el príncipe de este mundo será echado fuera. Juan 12:31

Pero yo os digo la verdad: Os conviene que yo me vaya; porque si no me fuese, el Consolador no vendría a vosotros; mas si me fuere, os lo enviaré. Y cuando él venga, convencerá al mundo de pecado, de justicia y de juicio. De pecado, por cuanto no creen en mí; de justicia, por cuanto voy al Padre, y no me veréis más; y de juicio, por cuanto el príncipe de este mundo ha sido ya juzgado. Juan 16: 7-11

Como hemos visto anteriormente el Reino de Dios tiene dos movimientos específicos: en un tiempo presente y en un tiempo futuro.

En el presente se mueve por medio de su Iglesia

para bendición de las vidas, destruyendo continuamente las obras del diablo a través de su victoria triunfante en la cruz y su sangre derramada, y es evidente que esto será hasta el fin de la era de la Iglesia.

La manifestación visible de la Segunda Venida de Jesucristo establecerá la manifestación gloriosa del Reino de Dios, estableciendo el milenio en la tierra donde toda la gloria y poder será manifestado por medio de El a todas las naciones. Ahí se cumplirá la palabra profética que dice: *la tierra será llena del conocimiento de la gloria del Señor como las aguas cubren el mar.*

Entonces aparecerá la señal del Hijo del Hombre en el cielo; y entonces lamentarán todas las tribus de la tierra, y verán al Hijo del Hombre viniendo sobre las nubes del cielo, con poder y gran gloria. Mateo 24:30

Entonces verán al Hijo del Hombre, que vendrá en una nube con poder y gran gloria. Lucas 21:27
De su boca sale una espada aguda, para herir con ella a las naciones, y El las regirá con vara de hierro; y El pisa el lagar del vino del furor y de la ira del Dios Todopoderoso. Y en su vestidura y en su muslo tiene escrito este nombre: REY DE REYES Y SEÑOR DE SEÑORES. Apocalipsis 19:15-16.

Finalmente el cumplimiento total y pleno del Reino de Dios, será cuando Jesucristo destruya para siempre toda la maldad y rebelión, entregando el reino a su Padre Celestial.

Luego el fin, cuando entregue el reino al Dios y Padre, cuando haya suprimido todo dominio, toda autoridad y potencia. Porque preciso es que él reine hasta que haya puesto a todos sus enemigos debajo de sus pies.

Y el postrer enemigo que será destruido es la muerte. Porque todas las cosas las sujetó debajo de sus pies. Y cuando dice que todas las cosas han sido sujetadas a él, claramente se exceptúa aquel que sujetó a él todas las cosas. Pero luego que todas las cosas le estén sujetas, entonces también el Hijo mismo se sujetará al que le sujetó a él todas las cosas, para que Dios sea todo en todos. 1 Corintios 15:24-28

Naciendo en el Espíritu para el Reino de Dios.

El reconocer que alguien pertenece y es parte del reino de Dios, no está sencillamente en su apariencia exterior, ni en su religiosidad ni en ritos o sacramentos que se pueden llegar a cumplir, ni aún las muchas buenas obras que pueda hacer, esto va más allá de todo lo que es superficial y visible a los ojos humanos.

Me estoy refiriendo a una viva y personal relación con Dios, por medio de Jesucristo, y la renovación contínua del Espíritu Santo. Es aquello que hay en nuestro interior, en lo profundo de nuestro ser, lo que guardamos en nuestro corazón, las riquezas espirituales en Dios. Como puede ser: amor, gozo, consagración, santidad, obediencia, rendición, y todo lo que tenga que ver con una nueva vida.

Esta nueva vida fue declarada a Nicodemo cuando llegándose a Jesús de noche dialoga con el maestro buscando la verdad.

...*el que no naciere de agua y del Espíritu, no puede entrar en el reino de Dios*. Juan 3:3

Sin el nuevo nacimiento no se puede ser partícipe del reino de Dios, es decir no se recibe la vida eterna prometida ni siquiera la salvación por medio de Jesucristo que es la llave para entrar a la nueva vida regenerada y restaurada del pecado original.

El Señor añade: *No te maravilles de que te dije: Os es necesario nacer de nuevo*. Jesús conocía el corazón de ese hombre estudioso y conocedor de las Sagradas Escrituras principal religioso entre los fariseos judíos.

Cristo vino a dar a conocer los misterios del Reino. Nicodemo los ignoraba como tantos religiosos de su época.

Cristo vino a marcar una diferencia en el tiempo, Su llegada marcaba el comienzo de la revelación escondida antes de la fundación del mundo, que sólo El, el Espíritu Santo y el Padre conocían.

La Revelación de los Misterios de Dios

A los escogidos se les hablaría en parábola para que entendiesen. Nicodemo sabía la ciencia de nacer de la carne desde el vientre de una madre, pero desconocía el misterio del reino de nacer del Espíritu.

No se puede poner al mismo nivel el nuevo nacimiento y el nacimiento físico, porque la relación de Dios con el creyente es un asunto del espíritu y no de la naturaleza humana.

Por lo tanto aunque nunca se puede anular el vínculo físico entre padre e hijo, la relación de padre a hijo que Dios desea con sus hijos es voluntaria y disoluble durante su tiempo de prueba en la tierra.

Esta relación permanece condicionada a la fe en Cristo mientras estamos en la tierra moviéndonos por la fe y viviendo una vida de obediencia y amor sincero hacia nuestro Padre celestial.

...porque si vivís conforme a la carne, moriréis; mas si por el Espíritu hacéis morir las obras de la carne. Viviréis. Porque todos los que son guiados por el Espíritu de Dios, éstos son hijos de Dios. Pues no habéis recibido el espíritu de esclavitud para estar otra vez en temor, sino que habéis recibido el espíritu de adopción por el cual clamamos !Abba, Padre! Romanos 8: 13-15

Viviendo en el Reino

El evangelio de Mateo, menciona 32 veces la expresión "El Reino de los Cielos".

Jesucristo es presentado como El Rey de éste Reino. Aunque El dio continuamente a entender que Su Reino no era de este mundo.

Ahora Él había venido a la tierra con relación al cumplimiento profético de Dios, para llevar el pecado de muchos.

Venga tu reino. Hágase tu voluntad, como en el cielo, así también en la tierra. Mateo 6:10.

Es evidente que la soberanía de Dios establece la victoria y conquista por medio de Jesucristo en la cruz, el triunfo decisivo que permite a los redimidos gozar de la autoridad y poder del Reino de Dios.

Dios ha delegado sobre la Iglesia la responsabilidad de esta confrontación, para que pueda moverse en el propósito de su voluntad, triunfando en medio de una batalla contra el adversario, en la que Él ha prometido hacernos más que vencedores.

A medida que avanzamos en el cumplimiento profético, nos acercamos a la final y gloriosa victoria, deteniendo e impidiendo el dominio de los poderes infernales.

Esta fue la razón por la que continuamente el escritor del evangelio de Mateo se fundamentó en la revelación y en las promesas dadas por Dios en el Antiguo Testamento, para demostrar fielmente a sus lectores que Jesús era el Mesías que por tanto tiempo Israel había esperado.

En este evangelio se menciona la genealogía de Jesús desde Abraham hasta José su padre, según se creía. Continuamente se hace énfasis que Jesús es el "Hijo de David".

Entre los muchos ejemplos que se puede mencionar donde Jesús utilizó el término El Reino de los Cielos, lo encontramos en el Sermón del Monte, o sea en las bienaventuranzas.

Bienaventurados los pobres en espíritu, porque de ellos es el reino de los cielos. Bienaventurados los que lloran, porque ellos recibirán consolación. Bienaventurados los mansos, porque ellos recibirán la tierra por heredad. Bienaventurados los que tienen hambre y sed de justicia, porque ellos serán saciados. Bienaventurados los misericordiosos, porque ellos alcanzarán misericordia. Bienaventurados los de limpio corazón, porque ellos verán a Dios. Bienaventurados los pacificadores, porque ellos serán llamados hijos de Dios. Bienaventurados los que padecen persecución por causa de la justicia, porque de ellos es el reino de los cielos. Mateo 5:3-10

El Señor enseñó realmente de donde vendrían y

quienes participarían con relación al Reino de los Cielos.

Y os digo que vendrán muchos del oriente y del occidente, y se sentarán con Abraham e Isaac y Jacob en el reino de los cielos. Mateo 8:11

Jesús también estableció el principio de autoridad que regiría para sus discípulos y fieles creyentes, o sea las llaves del Reino de los cielos, esto no tenía que ver con la exclusividad de un solo hombre o sistema humano, esto le pertenecería a todos aquellos que fueran nacidos y participantes de su reino.

Y a ti te daré las llaves del reino de los cielos; y todo lo que atares en la tierra será atado en los cielos; y todo lo que desatares en la tierra será desatado en los cielos. Mateo 16:19

Estas llaves de la cual Jesús habla, tenían que ver con la autoridad que Dios delegó a su Iglesia. Por medio de la misma ellos podrían llevar a cabo la gran encomienda delegada.

Estas llaves del reino producirían los siguientes efectos como respuesta de Dios:

1. **Autoridad para reprender el pecado, y establecer la nueva vida en Cristo, por medio de la redención de Jesucristo y Su Sangre derramada en la cruz.**

Otra vez os digo, que si dos de vosotros se

pusieren de acuerdo en la tierra acerca de cualquiera cosa que pidieren, les será hecho por mi Padre que está en los cielos. Mateo 18:19

2. **Orando e intercediendo en forma unida con otros creyentes para llevar a cabo la voluntad de Dios en la tierra.**

Porque donde están dos o tres congregados en mi nombre, allí estoy yo en medio de ellos. Mateo 18:20

3. **Poder y autoridad para atar toda clase de demonios y espíritus malignos, estableciendo la libertad en Cristo de aquellos que están cautivos por cadenas de pecados, vicios y enfermedades.**

Ninguno puede entrar en la casa de un hombre fuerte y saquear sus bienes, si antes no le ata, y entonces podrá saquear su casa. Marcos 3:27

4. **Proclamar el mensaje claro del evangelio, la culpabilidad del pecado, la justificación por medio de Jesucristo, y todo aquello que vendrá sobre este mundo dentro del programa profético de Dios.**

Y vino gran temor sobre toda la iglesia, y sobre todos los que oyeron estas cosas. Y por la mano de los apóstoles se hacían muchas señales y prodigios en el pueblo; y estaban todos unánimes en el pórtico de Salomón. Hechos 5:11-12

5. **Declarar que la salvación y el perdón de los pecados está disponible para todos aquellos que están dispuestos a arrepentirse y reconocer a Jesucristo como la única fuente de salvación y vida eterna.**

A quienes remitiereis los pecados, les son remitidos; y a quienes se los retuviereis, les son retenidos. Juan 20:23

Al oír esto, se compungieron de corazón, y dijeron a Pedro y a los otros apóstoles: Varones hermanos, ¿qué haremos? Pedro les dijo: Arrepentíos, y bautícese cada uno de vosotros en el nombre de Jesucristo para perdón de los pecados; y recibiréis el don del Espíritu Santo. Porque para vosotros es la promesa, y para vuestros hijos, y para todos los que están lejos; para cuantos el Señor nuestro Dios llamare. Y con otras muchas palabras testificaba y les exhortaba, diciendo: Sed salvos de esta perversa generación. Hechos 2:37-40

Y después de mucha discusión, Pedro se levantó y les dijo: Varones hermanos, vosotros sabéis cómo ya hace algún tiempo que Dios escogió que los gentiles oyesen por mi boca la palabra del evangelio y creyesen. Y Dios, que conoce los corazones, les dio testimonio, dándoles el Espíritu Santo lo mismo que a nosotros; y ninguna diferencia hizo entre nosotros y ellos, purificando por la fe sus corazones. Hechos 15:7-9

El Reino de Dios se establece por Cristo en su nacimiento en la tierra y al predicar Su verdad a los hombres al recibir el nuevo nacimiento.

Todos aquellos que creen en su nombre reciben los derechos legales de su Reino adoptando las normas y las leyes de Él.

Mientras que el reino de los cielos es la continuación de todos los redimidos por Su Sangre que tendrán derechos legítimos por ser participantes de su herencia eterna. Al ser hijos de Dios heredamos el Reino de los cielos.

El séptimo ángel tocó la trompeta, y hubo grandes voces en el cielo, que decían: Los reinos del mundo han venido a ser de nuestro Señor y de su Cristo; y él reinará por los siglos de los siglos. Apocalipsis 11:15

Entonces oí una gran voz en el cielo, que decía: Ahora ha venido la salvación, el poder, y el reino de nuestro Dios, y la autoridad de su Cristo; porque ha sido lanzado fuera el acusador de nuestros hermanos, el que los acusaba delante de nuestro Dios día y noche. Apocalipsis 12:10

Las tareas y responsabilidades de todos aquellos que son parte del Reino de Dios son llevadas a ser lo siguiente:

1. Buscar continuamente de forma perseverante, el estar siempre anhelante de las manifestaciones y señales del Reino

de Dios.

2. Tener hambre de la Palabra y sed de Su Espíritu en nuestras vidas, en la que Su presencia se manifiesta de continuo.

3. Saber que son las personas valientes y esforzadas, las que arrebatan el reino de los cielos, personas decididas y dispuestas, a no tener nada que ver con el pecado, ni nada que se le parezca, con tal de caminar en la rectitud de la Palabra Revelada.

4. Conocer cada momento que para disfrutar y tener el reino de los cielos y todas las bendiciones que le acompañan, debemos de pelear la buena batalla de la fe y echar mano a la vida eterna, resistiendo firmemente toda asechanza de Satanás, el pecado y cualquier tipo de influencia que pueda o intente proyectar sobre nuestra vida la sutil artimaña de este mundo.

5. El Reino de Dios, no es para aquellos que están conformes y estáticos, ni para los que viven descuidados, sino para hombres y mujeres que saben moverse en fe y actuar en fe, sin mirar las circunstancias ni las adversidades que le rodean.

Hoy es el tiempo de avanzar proclamando el

poder y autoridad del Reino de Dios, mientras vamos caminando poniendo nuestra mirada en el Autor y Consumador de la Vida, Jesucristo, quien nos viene a buscar para llevarnos a un cielo de eternidad y gloria sin par.

CAPÍTULO 5

"Porque no quiero, hermanos, que ignoréis este misterio, para que no seáis arrogantes en cuanto a vosotros mismos: que ha acontecido a Israel endurecimiento en parte, hasta que haya entrado la plenitud de los gentiles" Romanos 11:25

El Misterio del Endurecimiento de Israel

Este misterio quizas para muchos sea uno de los más difícil de comprender. En los capítulos 9 al 11 de Romanos puedes notar en la manera en que Pablo se pregunta a si mismo y a Dios, acerca de esta tematica. En el Nuevo Testamento, estos capítulos están conectados a un testimonio central que establece por un lapso temporal de tiempo el endurecimiento de Israel, por otra parte también están ligados a la Iglesia de Cristo, como al cumplimiento del reino divino. Por lo cual debe ser incluido dentro de los misterios del reino de Dios.

La pregunta es ¿Endureció Dios a Su pueblo Israel?

Al leer los capítulos de la epístola a los Romanos, muestran que el endurecimiento y la caída de Israel fueron necesarios para que la salvación pudiera llegar a los gentiles, pues Pablo dice en:

"... *por su transgresión vino la salvación a los gentiles*". *Romanos 11:11*

Los primeros mensajeros, se dirigieron a los gentiles debido al rechazo que Israel había adoptado hacia el evangelio, como ocurrió con Pablo y Bernabé. Leemos en:

"Entonces Pablo y Bernabé, hablando con denuedo, dijeron: A vosotros a la verdad era necesario que se os hablase primero la palabra de Dios; más puesto que la desecháis, y no os juzgáis dignos de la vida eterna, he aquí, nos volvemos a los gentiles". Hechos 13:46

Por lo tanto lo que dio origen al endurecimiento fue la actitud de terquedad e incredulidad de Israel. Aquí mismo Pablo también advierte a los mismos creyentes de entre los gentiles, que cuiden de no ser soberbios, pues tampoco Dios los perdonará a ellos, si toman la misma posicion de Israel.

¿Por qué la incredulidad de Israel es considerada un misterio?

Pablo, establece de una manera inspiradora que la incredulidad de Israel es temporal, y que en los tiempos del fin Dios tratara directamente con Israel. Por otro lado, es precisamente la caída y la condicion de esta nacion la que obra como salvación de los gentiles.

¿Cómo es posible esto y cómo se entiende esto?

La caída de Israel fue una experiencia triste para Dios, y en cierto sentido, provocó en El una manera nueva de establecer su diseño y voluntad". Dios quiso bendecir a todas las naciones a través de Israel, mas debido a su incredulidad parecía que Satanás había logrado desbaratar este plan divino. Con todo y esto Dios no se inmutó por ello. Un pequeño remanente creyó el mensaje de Jesús y lo propagó por todo el mundo; en los primeros días de la iglesia la propagación del mensaje de Jesús estuvo a cargo de los apóstoles; luego, todos y cada discípulo era un anunciador del evangelio, como lo leemos en:

"pero los que fueron esparcidos iban por todas partes anunciando el evangelio". Hechos 8:1,4

Para muchos hablar de las profecías en torno al tema de Israel y su plan a través de los tiempos, es algo particularmente propio de ciertos fanatismos de interpretación de aquellos que creen en las profecías bíblicas.

Con todo lo que puedan llegar a decir, eso no nos afecta ya que el movimiento profético que Dios ha determinado por medio de Su Palabra, la Biblia, se cumplirán por encima de cualquier criterio o discrepancias que los humanos puedan plantear en esta hora.

Recordemos que Dios mismo garantiza Su Palabra y confirma cada uno de sus hechos, por lo tanto es necesario observar con detenimiento todo aquello que tenga una relación directa con el movimiento de Israel en las naciones.

El cuidado, preservación, y restauración de Israel, figura entre uno de los misterios para la mayoría del mundo, pero no para aquellos que seguimos creyendo en la revelación de la

Palabra del Todopoderoso Dios.

De acuerdo a las enseñanzas de la palabra de Dios, la nación de Israel está endurecida, no solamente tiene un endurecimiento espiritual porque abiertamente rechazaron al que era sus Mesías, sino que como consecuencia de esta condición, un juicio divino ha caído sobre la nación, de tal manera que están endurecidos. Ya el profeta Isaías hablo sobre esta condición.

Y dijo: Anda, y di a este pueblo: Oíd bien, y no entendáis; ver por cierto, más no comprendáis. Engruesa el corazón de este pueblo, y agrava sus oídos, y ciega sus ojos, para que no vea con sus ojos, ni oiga con sus oídos, ni su corazón entienda, ni se convierta, y haya para el sanidad.

Es evidente que la actitud y comportamiento de Israel hacia Jesús, los llevó a que esta profecía se cumpliera literalmente en ellos.

Pablo hablando sobre esto mismo dice a los corintios, lo siguientes:

Pero el entendimiento de ellos se embotó; porque hasta el día de hoy, cuando leen el antiguo pacto, les queda el mismo velo no descubierto, el cual por Cristo es quitado. Y aún hasta el día de hoy, cuando se lee a Moisés, el velo está puesto sobre el corazón de ellos. 2 Corintios 3:14-15

El velo literal de Moisés representa el velo espiritual, que impide a Israel que lee el Antiguo Testamento, contemplar la gloria de la Palabra de Dios, que es en Cristo.

Ahora Pablo afirma que ciertamente esta situación no será para siempre, llegará el momento que esta condición cambiará radicalmente.

Pero cuando se conviertan al Señor, el velo se quitará. 2 Corintios 3:16

El Apóstol Pablo establece que Israel ha sido apartado del lugar que Dios lo había colocado de bendición, para que por un tiempo los gentiles puedan ser llevados a ese lugar de bendición, del cual Israel ha rechazado, y por lo tanto temporalmente ha sido impedido para ello, pero llegará un momento que serán llevados de nuevo a ese estado de bendición.

El endurecimiento de esto es un misterio, que de acuerdo a la palabra de Dios, tiene que ver con lo que no había sido conocido anteriormente, algo que estaba dentro del programa de su voluntad divina, y esto jamás hubiera podido ser conocido antes, sino en la manera que el Espíritu Santo ha revelado a los hombres, que Dios ha llamado para servirle.

Al indicarnos que este endurecimiento es un misterio, nos permite ver que dicho endurecimiento no había sido revelado antes. Lo cual nos muestra que esto va más allá del solo hecho de que Israel tiene un endurecimiento espiritual, si vemos la trayectoria de la historia de esta nación, ésta era una experiencia que los hijos de Israel vivían muy a menudo.

Esta actitud era a la vez los efectos que producían el pecado y la desobediencia, o sea consecuencias de maldición por apartarse en pos de otros dioses, esto tiene que ver con un endurecimiento voluntario, al ir en contra de lo que Dios había indicado.

Mas el misterio del endurecimiento de la cual Pablo establece por inspiración del Señor, es totalmente diferente a la forma de endurecimiento que experimentaron en el Antiguo Testamento.

Este endurecimiento venía como consecuencia del pecado de haber rechazado al Mesías, que las profecías habían anunciado anticipadamente, mas cuando Jesucristo se manifiesta como el verdadero y único Mesías que ellos necesitaban no lo creyeron.

Y diciendo: Tú que derribas el templo, y en tres días lo reedificas, sálvate a ti mismo; si eres Hijo de Dios, desciende de la cruz. De esta manera también los principales sacerdotes, escarneciéndole con los escribas y los fariseos y los ancianos, decían: A otros salvó, a sí mismo no se puede salvar; si es el Rey de Israel, descienda ahora de la cruz, y creeremos en él.

El Misterio del Endurecimiento de Israel

Mateo 27:40-42

Cuando Pablo utiliza la palabra endurecimiento, esto viene de la raíz griega que significa, cubierto con un callo, O una dureza, y viene de un verbo que significa cubrir con una gruesa piel, endurecer cubriendo con un callo.

Endurecimiento viene de la raíz griega *porosis* que significa, endurecimiento, callosidad. La palabra es un término médico que describe el proceso por el cual las extremidades de los huesos fracturados se fijan mediante una osificación o callosidad petrificada.

Algunas veces se refiere a una sustancia dura en el ojo, que lo ciega, esto en el sentido espiritual tiene que ver con insensibilidad o ausencia de percepción espiritual y ceguera espiritual.

Como está escrito: Dios les dio espíritu de estupor, ojos con que no vean y oídos con que no oigan, hasta el día de hoy. Romanos 11:8

Digo, pues: ¿Han tropezado los de Israel para que cayesen? En ninguna manera; pero por su trasgresión vino la salvación a los gentiles, para provocarles a celos. Romanos 11:11

Esta condición se ha producido a consecuencia de reiteradas veces haber rechazado el plan de Dios establecido por medio de Su Mesías, y actualmente ésta es la situación que vive toda la Nación de Israel.

Este rechazo es temporal, hasta que todos los que van a ser salvos entre los gentiles depositen su confianza en Cristo, al Israel actuar en incredulidad, se abrió una puerta de oportunidad a los gentiles.

Aunque este endurecimiento es en parte, significa que la posibilidad de salvación es real y existe aún para los judíos que puedan creer en este momento en Cristo.

Aunque en su mayoría, la Nación está experimentando el endurecimiento, más llegará el tiempo establecido por Dios, que este endurecimiento será quitado de toda la Nación.

Es de notar que cuando haya entrado la plenitud de los gentiles entonces el endurecimiento de Israel será quitado, y es allí donde Dios intervendrá en forma soberana y poderosa sobre dicha Nacion.

Israel experimentará la realidad de esta intervención divina, en el mismo momento en que la Iglesia sea arrebatada, es allí mismo donde el tiempo establecido para los gentiles se haya cumplido.

En ese mismo instante Israel estará siendo llevada progresivamente hasta la plena restauración de la bendición de Dios.

Dios volverá a tratar con Su Nación de una forma directa, y ella será llevada progresivamente en los designios divinos, aunque ellos alcanzarán la plenitud de las bendiciones en la Segunda Venida visible de Jesucristo a este mundo.

Es importante recordar que no se puede mezclar la Iglesia de Jesucristo e Israel, ambos entran en el programa profético de Dios, pero de una manera y forma muy diferente de llevarse a cabo el mismo.

Se necesita entender que siempre que la Biblia menciona la palabra remanente esto se refiere exclusivamente a Israel y no a la Iglesia, los textos que a continuación voy a mencionar nos confirman la realidad de esto.

Porque siervos somos; mas en nuestra servidumbre no nos ha desamparado nuestro Dios, sino que inclinó sobre nosotros su misericordia delante de los reyes de Persia, para que se nos diese vida para levantar la casa de nuestro Dios y restaurar sus ruinas, y darnos protección en Judá y en Jerusalén. Mas después de todo lo que nos ha sobrevenido a causa de nuestras malas obras, y a causa de nuestro gran pecado, ya que tú, Dios nuestro, no nos has castigado de acuerdo con nuestras iniquidades, y nos diste un remanente como este. Esdras 9:8,13

Acontecerá en aquel tiempo, que los que hayan quedado de Israel y los que hayan quedado de la casa de Jacob, nunca más se apoyarán en el que los hirió, sino que se apoyarán con verdad en Jehová, el Santo de Israel. El remanente volverá, el remanente de Jacob volverá al Dios fuerte. Isaías 10:20-21

Asimismo acontecerá en aquel tiempo, que Jehová alzará otra vez su mano para recobrar el remanente de su pueblo que aún quede en Asiria, Egipto, Patros, Etiopía, Elam, Sinar y Hamat, y en las costas del mar. Y levantará pendón a las naciones, y juntará los desterrados de Israel, y reunirá los esparcidos de Judá de los cuatro confines de la tierra. Isaías 11:11-12

En aquel día Jehová de los ejércitos será por corona de gloria y diadema de hermosura al remanente de su pueblo. Isaías 28:5

Quizá oirá Jehová tu Dios las palabras del Rabsaces, al cual el rey de Asiria su señor envió para blasfemar al Dios vivo, y para vituperar con las palabras que oyó Jehová tu Dios; eleva, pues, oración tú por el remanente que aún ha quedado. Isaías 37:4

Y yo mismo recogeré el remanente de mis ovejas de todas las tierras adonde las eché, y las haré volver a sus moradas; y crecerán y se multiplicarán. Jeremías 23:3

El remanente de Israel no hará injusticia ni dirá mentira, ni en boca de ellos se hallará lengua engañosa; porque ellos serán apacentados, y dormirán, y no habrá quien los atemorice.

Sofonías 3:13

Mas ahora no lo haré con el remanente de este pueblo como en aquellos días pasados, dice Jehová de los ejércitos. Porque habrá simiente de paz; la vid dará su fruto, y dará su producto la tierra, y los cielos darán su rocío; y haré que el remanente de este pueblo posea todo esto. Y sucederá que como fuisteis maldición entre las naciones, OH casa de Judá y casa de Israel, así os salvaré y seréis bendición. No temáis, mas esfuércense vuestras manos. Zacarías 8:11-13

También Isaías clama tocante a Israel: Si fuere el número de los hijos de Israel como la arena del mar, tan sólo el remanente será salvo. Romanos 9:27

Es de reconocer que Israel es el pueblo de Dios en el Antiguo Testamento y todas las profecías que giran en relación con este pueblo se cumplirán a plenitud de acuerdo al programa de Dios trazado para Él.

La Iglesia debe de orar y clamar a Dios por Israel, pero entender que Dios mismo intervendrá a favor de su pueblo en el tiempo señalado.

En esta hora es de entender que la única manera de experimentar la salvación, es por medio de Jesucristo, y esto es tanto para el judío como para el gentil, no hay acepción de personas.

Es importante que entiendas que la principal piedra del edificio en que la Iglesia es edificada y fortalecida se llama Jesucristo, nadie más.

La iglesia es una señal al mundo espiritual acerca de la autoridad y poder que continuamente se manifiesta en la persona del Señor Jesucristo. Mientras que Israel es una señal al mundo natural y a todas las naciones, que esta nación existen y está allí firme aún, es porque hay un Dios que la ha preservado a través de las generaciones para cumplir en ella todos los planes y propósitos que Él ha trazado.

CAPÍTULO 6

"Y al que puede confirmaros según mi evangelio y la predicación de Jesucristo, según la revelación del misterio que se ha mantenido oculto desde tiempos eternos." Romanos 16:25

El Misterio de la Salvación en Jesucristo

El misterio de la salvación está relacionado de lleno con la persona, ministerio y testimonio de Jesucristo. Esta expresión se refiere, a los designios de Dios sobre la salvación de todos los seres humanos.

"Y al que puede confirmaros según mi evangelio y la predicación de Jesucristo, según la revelación del misterio que se ha mantenido oculto desde tiempos eternos, pero que ha sido manifestado ahora, y que por las Escrituras de los profetas, según el mandamiento del Dios eterno, se ha dado a conocer a todas las gentes para que obedezcan a la fe." Romanos 16:25-26

"Pero bienaventurados vuestros ojos, porque ven; y vuestros oídos, porque oyen". Mateo 13:16

Pero bienaventurados vuestros ojos, porque ven, y vuestros oídos porque oyen. Porque de cierto os digo que muchos Profetas y justos desearon ver lo que veis y no lo vieron y oír lo que oís y no lo oyeron.

La inclusión de los gentiles junto con los judíos en la promesa de salvación del Evangelio de Jesucristo es parte del misterio revelado por el Espíritu Santo, a los Apóstoles y por consiguiente a la Iglesia.

"Y al que puede confirmaros según mi evangelio y la predicación de Jesucristo, según la revelación del misterio que se ha mantenido oculto desde tiempos eternos." Romanos 16:25

"Mas hablamos sabiduría de Dios en misterio, la sabiduría oculta, la cual Dios predestinó antes de los siglos para nuestra gloria, la que ninguno de los príncipes de este siglo conoció; porque si la hubieran conocido, nunca habrían crucificado al Señor de gloria" 1 Corintios 2:7-8

"Dándonos a conocer el misterio de Su voluntad, según su beneplácito, el cual se había propuesto en sí mismo." Efesios 1:9

La salvación que Dios otorga es un regalo de gracia, pero muchas veces para los hombres esto es un gran misterio, lo cual les resulta imposible de entender.

Por esta misma razón es que debemos de entender en forma reveladora lo que Dios quiere mostrarnos con respecto a esa vida abundante y eterna que está a disposición de todo aquel que en Él crea.

Hay tres realidades que giran en torno al movimiento de reconciliación de Dios con el hombre y estos son la salvación, la redención y la justificación.

Salvación viene de la palabra de la raíz griega *"soteria"*, que significa liberación y preservación.

El Misterio de la Salvación de Jesucristo

Este término utilizado en el Nuevo Testamento tiene que ver con lo siguiente: Liberación material y temporal de peligros, libertad, salud. Esto significa pasar con seguridad, protección de daño.

En el Antiguo Testamento Dios se reveló como el Salvador de su propio pueblo.

"Jehová es mi luz y mi salvación; ¿de quién temeré? Jehová es la fortaleza de mi vida; ¿de quién he de atemorizarme?" Salmos 27:1

"OH Jehová, Dios de mi salvación, Día y noche clamo delante de ti." Salmos 88:1

"Mas él herido fue por nuestras rebeliones, molido por nuestros pecados; el castigo de nuestra paz fue sobre él, y por su llaga fuimos nosotros curados" Isaías 53:5

Liberación espiritual y eterna concedida inmediatamente por Dios, para todos aquellos que aceptan sus condiciones de arrepentimiento y fe en el Señor Jesucristo, en quien se puede obtener, por medio de una sincera confesión.

"Porque no me avergüenzo del evangelio, porque es poder de Dios para salvación a todo aquel que cree; al judío primeramente, y también al griego." Romanos 1:16

"En él también vosotros, habiendo oído la

palabra de verdad, el evangelio de vuestra salvación, y habiendo creído en él, fuisteis sellados con el Espíritu Santo de la promesa" Efesios 1:13

La salvación es el camino que conduce por la vida hasta la eterna vida con Dios en los cielos.

"Y en ningún otro hay salvación; porque no hay otro nombre bajo el cielo, dado a los hombres, en que podamos ser salvos." Hechos 4:12

Es la experiencia presente del poder de Dios para liberar al hombre de la esclavitud y cautividad del pecado.

"Por tanto, amados míos, como siempre habéis obedecido, no como en mi presencia solamente, sino mucho más ahora en mi ausencia, ocupaos en vuestra salvación con temor y temblor." Filipenses 2:12

"Sino con la sangre preciosa de Cristo, como de un cordero sin mancha y sin contaminación" 1 Pedro 1:19

Esta experiencia en la vida de los creyentes es el proceso de santificación.

Tiene que ver con la futura liberación de todos los fieles creyentes en lo que es el arrebatamiento de la Iglesia, salvación que es la meta de su confiada esperanza.

"Y esto, conociendo el tiempo, que es ya hora de levantarnos del sueño; porque ahora está más cerca de nosotros nuestra salvación que cuando creímos" Romanos 13:11

"⁸ Pero nosotros, que somos del día, seamos sobrios, habiéndonos vestido con la coraza de fe y de amor, y con la esperanza de salvación como yelmo ⁹ Porque no nos ha puesto Dios para ira, sino para alcanzar salvación por medio de nuestro Señor Jesucristo," 1 Tesalonicenses 5: 8-9

Dios, quien es el portador de salvación, se utiliza como ejemplo, con el propósito de describir Su Gracia.

CAPÍTULO 7

"Que por revelación me fue declarado el misterio, como antes lo he escrito brevemente;"
Efesios 3:3

El Misterio de Cristo

Existe sin lugar a duda una unión espiritual y misteriosa entre nuestro cuerpo y Cristo. Nuestro cuerpo ya no nos pertenece. Cristo nos redimió el cuerpo, el alma y el espíritu. Nuestro cuerpo ya no nos pertenece más. No podemos hacer lo que queremos.

"Que por revelación me fue declarado el misterio, como antes lo he escrito brevemente, leyendo lo cual podéis entender cuál sea mi conocimiento en el misterio de Cristo, misterio que en otras generaciones no se dio a conocer a los hijos de los hombres, como ahora es revelado a sus santos apóstoles y profetas por el Espíritu: que los gentiles son coherederos y miembros del mismo cuerpo, y copartícipes de la promesa en Cristo Jesús por medio del evangelio" Efesios 3:3-6

"Ustedes ya no pertenecen más a ustedes. Pues fueron redimidos por un gran precio". 1 Corintios 6:19-20

Cristo tomó posesión en nosotros! ¡Nuestro cuerpo se volvió su templo! Somos entonces llamados a consagrarnos en absoluto a Él.

Esta ha sido un misterio escondido, desde los siglos en Dios, mas se le da a conocer a Pablo y por consiguiente a la Iglesia por medio de la revelación.

Este misterio es la verdad revelada del propósito de Dios, en reunir todas, absolutamente todas las cosas en Cristo, no solo las que están en los cielos, sino también en la tierra, en el cumplimiento de los periodos de los tiempos.

"De reunir todas las cosas en Cristo, en la dispensación del cumplimiento de los tiempos, así las que están en los cielos, como las que están en la tierra". Efesios 1:10

Cuando Pablo se refiere al cumplimiento del tiempo, esto tiene que ver al momento que Dios había señalado para la venida visible de Jesucristo a este mundo, cuando la demarcación profética había llegado a su cumplimiento.

"Pero cuando vino el cumplimiento del tiempo, Dios envió a su Hijo, nacido de mujer y nacido bajo la ley". Gálatas 4:4

Pablo en este texto hace mención de tres realidades cumplidas en Cristo, primero que era el Hijo de Dios, segundo que demostró su humanidad al nacer de una mujer y tercero en sujeción a la ley.

Para que redimiese a los que estaban bajo la ley, a fin de que recibiésemos la adopción como hijos.

El Misterio de Cristo

El plan de Dios al enviar a su Hijo era de rescatar a la humanidad del pecado, y de hacer participante a todo hombre y mujer, de toda raza o color, de toda tribu o nación, de la realidad de sus promesas de salvación, perdón y vida eterna.

"25 Y al que puede confirmaros según mi evangelio y la predicación de Jesucristo, según la revelación del misterio que se ha mantenido oculto desde tiempos eternos, 26 pero que ha sido manifestado ahora, y que por las Escrituras de los profetas, según el mandamiento del Dios eterno, se ha dado a conocer a todas las gentes para que obedezcan a la fe." Romanos 16:25-26

"Pablo, apóstol de Jesucristo por la voluntad de Dios, según la promesa de la vida que es en Cristo Jesús" 2 Timoteo 1:1

Dios por medio de Jesucristo creo en y a través del El, un pueblo especial integrado de judíos y gentiles.

Y yo también te digo, que tú eres Pedro, y sobre esta roca edificaré mi iglesia; y las puertas del Hades no prevalecerán contra ella. Mateo 16:18

"A quien anunciamos, amonestando a todo hombre, y enseñando a todo hombre en toda sabiduría, a fin de presentar perfecto en Cristo Jesús a todo hombre". Colosenses 1:28

"Mas vosotros sois linaje escogido, real

La Revelación de los Misterios de Dios

sacerdocio, nación santa, pueblo adquirido por Dios, para que anunciéis las virtudes de aquel que os llamó de las tinieblas a su luz admirable; vosotros que en otro tiempo no erais pueblo, pero que ahora sois pueblo de Dios; que en otro tiempo no habíais alcanzado misericordia, pero ahora habéis alcanzado misericordia. 1 Pedro 2:9-10

"Siendo justificados gratuitamente por su gracia, mediante la redención que es en Cristo Jesús, a quien Dios puso como propiciación por medio de la fe en su sangre, para manifestar su justicia, a causa de haber pasado por alto, en su paciencia, los pecados pasados, con la mira de manifestar en este tiempo su justicia, a fin de que él sea el justo, y el que justifica al que es de la fe de Jesús". Romanos 3:24-26

CAPÍTULO 8

"El misterio que había estado oculto desde los siglos y edades, pero que ahora ha sido manifestado a sus santos." Colosenses 1:26

El Misterio de Cristo en la Esperanza de Gloria

El misterio glorioso e impactante que ha sido revelado es que los creyentes, tanto judíos como gentiles, poseen ahora las riquezas de la gracia abundante por medio de Jesucristo, la esperanza de gloria, su misma presencia que mora en el interior de cada creyente siendo la absoluta garantía de todo aquello que Dios mismo ha reservado para todos aquellos que le aman.

*"El misterio que había estado oculto desde los siglos y edades, pero que ahora ha sido manifestado a sus santos, a quienes Dios quiso dar a conocer las riquezas de la gloria de este misterio entre los gentiles; que es Cristo en vosotros, **la esperanza de gloria**".* Colosenses 1:26-27

"Para que sean consolados sus corazones, unidos en amor, hasta alcanzar todas las riquezas de pleno entendimiento, a fin de conocer el misterio de Dios el Padre, y de Cristo, en quien están escondidos todos los tesoros de la sabiduría y del conocimiento". Colosenses 2:2-3

El Apóstol Pablo tiene una clara definición en

cuanto a estos "misterios" y para ello presenta el evangelio en contraste a ellos: aquí los que han alcanzado madurez, son lógicamente los creyentes fieles en Cristo, los únicos que pueden o están capacitados como para recibir y en verdad percibir aquello que es revelado.

El misterio de Cristo en vosotros, la esperanza de gloria

Este misterio de esperanza gloriosa es uno de los fundamentos inamovibles de la fe en Él. En Colosenses 1, Pablo habla acerca de esto. Lo denomina el cumplimiento de la Palabra de Dios (v. 25); un misterio que le fue revelado a los santos (v. 26); las riquezas de la gloria (v. 27) y la perfección en Cristo (v. 28).

25 Dios me ha dado la responsabilidad de servir a su iglesia mediante la proclamación de todo su mensaje a ustedes. 26 Este mensaje se mantuvo en secreto durante siglos y generaciones, pero ahora se dio a conocer al pueblo de Dios. 27 Pues él quería que su pueblo supiera que las riquezas y la gloria de Cristo también son para ustedes, los gentiles. Y el secreto es: Cristo vive en ustedes. Eso les da la seguridad de que participarán de su gloria. 28 Por lo tanto, hablamos a otros de Cristo, advertimos a todos y enseñamos a todos con toda la sabiduría que Dios nos ha dado. Queremos presentarlos a Dios perfectos en su relación con Cristo. Colosenses 1:25-28 NTV

Aquí se trata de la clave de la fe en Jesucristo. Cuando Nicodemo lo visitó en la noche, para informarse acerca del misterio de Su poder, Jesús le hablo de este gran misterio:

"De cierto, de cierto te digo, que el que no naciere de nuevo, no puede ver el reino de Dios. ... De cierto, de cierto te digo, que el que no naciere de agua y del Espíritu, no puede entrar en el reino de Dios. Lo que es nacido de la carne, carne es; y lo que es nacido del Espíritu, espíritu es" Juan 3:3, 5,6.

Algunos cristianos entienden, que sea cual fuera el caso, la conversión y el nuevo nacimiento son idénticos, o que el nuevo nacimiento sigue inmediatamente a la conversión. Alguien puede haberse convertido una vez, pero nunca haber llegado a nacer de nuevo.

La conversión procede del hombre y depende de nosotros; el nuevo nacimiento, sin embargo, proviene de Dios y no puede ser "manipulado".

De todas maneras, está determinado decisivamente por tu actitud. El propio Señor Jesús te aclara con estas palabras:

"El que tiene mis mandamientos, y los guarda, ése es el que me ama; y el que me ama, será amado por mi Padre, y yo le amaré, y me manifestaré a él. ... El que me ama, mi palabra guardará; y mi Padre le amará, y vendremos a él, y haremos morada con él" Juan 14:21,23.

Jesús, establece aqui dandote a entender que al hecho de que su Espíritu more en ti, le precede una prueba de pureza de tu fe. Con esto, quiere garantizar que tu amor hacia Él, a través de la obediencia a su Palabra y a sus mandamientos, sean puros. Sólo entonces acontecerá el "nuevo nacimiento" de Su Espíritu, y Él hará morada en tu corazón.

Esto es realmente un misterio muy profundo, que por otra parte, está vinculado con el misterio de la obediencia a la fe.

El nuevo nacimiento tiene que ser visible; si no tal fuera el caso sería preocupante. Ser semejantes a Cristo es la meta máxima de tu fe. Sabiendo esto, Pablo hacía todo lo posible por presentar a cada hombre perfecto en Cristo.

Las palabras de Jesús en cuanto a permanecer en él son muy importantes. Juan retoma este tema en su primera carta y dice:

"Todo aquel que permanece en él, no peca" 1 Juan 3:6

Por eso, Pablo pudo decir:
"Ahora, pues, ninguna condenación hay para los que están en Cristo Jesús". Romanos 8:1

Una condición necesaria para la resurrección a la gloria:

Cuando Pablo habla acerca de la esperanza de

gloria a través del misterio de "Cristo en nosotros", se refiere a la gloria que Dios preparó en el cielo para todos los que le aman. El Espíritu que mora en nosotros, a través de la obediencia a la fe, constituye las arras que nos identifica como coherederos de la gloria venidera.

"El Espíritu de Dios, quien levantó a Jesús de los muertos, vive en ustedes; y así como Dios levantó a Cristo Jesús de los muertos, él dará vida a sus cuerpos mortales mediante el mismo Espíritu, quien vive en ustedes." Romanos 8:11NTV

El maravilloso conocimiento del misterio de "Cristo en vosotros" impregno en Pablo una profunda y genuina reverencia, lo que lo llevó a orar de la siguiente manera por la afirmación de los creyentes:

"16 Pido en oración que, de sus gloriosos e inagotables recursos, los fortalezca con poder en el ser interior por medio de su Espíritu. 17 Entonces Cristo habitará en el corazón de ustedes a medida que confíen en él. Echarán raíces profundas en el amor de Dios, y ellas los mantendrán fuertes. 18 Espero que puedan comprender, como corresponde a todo el pueblo de Dios, cuán ancho, cuán largo, cuán alto y cuán profundo es su amor. 19 Es mi deseo que experimenten el amor de Cristo, aun cuando es demasiado grande para comprenderlo todo. Entonces serán completos con toda la plenitud de la vida y el poder que proviene de Dios. Efesios 3:16-19 NTV

La Revelación de los Misterios de Dios

Cristo en nosotros y nosotros en Él ése es el misterio de la esperanza en Gloria.

¹⁴ Cuando pienso en todo esto, caigo de rodillas y elevo una oración al Padre, ¹⁵ el Creador de todo lo que existe en el cielo y en la tierra. Efesios 3:14-15 NTV

CAPÍTULO 9

"Que los gentiles son coherederos y miembros del mismo cuerpo, y copartícipes de la promesa en Cristo Jesús por medio del evangelio;"
Efesios 3:6

El Misterio de la Iglesia

El Apóstol Pablo menciona que el programa divino desarrollado con relación a la Iglesia es un misterio, aquello que no fue revelado anteriormente por los profetas del Antiguo Testamento, era algo desconocido por la mente humana.

"El misterio que había estado oculto desde los siglos y edades, pero que ahora ha sido manifestado a sus santos, a quienes Dios quiso dar a conocer las riquezas de la gloria de este misterio entre los gentiles; que es Cristo en vosotros, la esperanza de gloria."s Colosenses 1:26-27

Mas cuando la gracia salvadora de Jesucristo se hace extensible también a los gentiles, Dios le place, a partir de ese momento revelarnos.

La Palabra de Dios relaciona un misterio con aquello que es desconocido por el ser humano, por lo tanto la Biblia utiliza este término para marcar en forma relevante el propósito en la agenda del programa de Dios a través de los tiempos.

Dentro del plan de Dios esto no era desconocido, esto había sido establecido desde la eternidad, pero permanecía en lo secreto de Dios, y esto nunca hubiera podido ser conocido a menos que Él lo hubiese revelado.

El hecho de que Israel se cegó y endureció, sirvió como el medio por el cual los gentiles pudieron ser llevados a una viva relación con Dios, esto en verdad es un misterio.

Esta fue la manera en que Dios determinó establecer a la Iglesia de Jesucristo, haciendo participantes tanto a judíos como a gentiles, para así de esa manera formar un solo cuerpo, todo este mover en los designios de Dios fue en realidad un misterio.

La Iglesia que es el cuerpo de Cristo, esto es, la unión de los redimidos con Dios, a través de su hijo.

"Por esto dejará el hombre a su padre y a su madre, y se unirá a su mujer y los dos serán una sola carne. Grande es este misterio; mas yo digo esto respecto de Cristo y de la Iglesia". Efesios 5:31-32

Esto es algo que no se dio a conocer en el Antiguo Testamento a los hijos de los hombres, el texto resalta que es algo que estaba oculto, es decir escondido.

Mas ahora es revelado, a sus profetas y apóstoles por medio del poder del Espíritu Santo. Que los gentiles son ahora coherederos y participantes como miembros del mismo cuerpo, además participantes de todas las promesas en Cristo Jesús.

Este misterio, con todo el plan que Dios había determinado no había sido revelado en el Antiguo Testamento, lo cual establece como aquello nuevo que surgía dentro del programa de Dios, en la revelación del tiempo de gracia y redención para los humanos.

Por lo tanto La Iglesia es un misterio, bajo ningún aspecto era un misterio, que Dios establecería una genuina provisión de salvación para Israel, y que los gentiles alcanzarían bendición en esa salvación.

En sí, el misterio era que el cuerpo de Cristo, lo cual es llamada la Iglesia, estaría conformada por judíos y gentiles, lo cual nunca había sido revelada en el Antiguo Testamento.

En verdad todo el programa concerniente al misterio de la Iglesia, fue revelado cuando Jesucristo por rechazado por su propio pueblo Israel.

"Y toda la gente estaba atónita, y decía: ¿Será éste aquel Hijo de David? Mas los fariseos, al oírlo, decían: Este no echa fuera los demonios sino por Beelzebú, príncipe de los demonios". Mateo 12:23-24

Después de este rechazamiento a Jesucristo, El

mismo pronunció estas palabras, refiriéndose a una profecía a la Iglesia, y después que El mismo fue rechazado en la cruz, comenzaba a partir de ese momento, el plan de Dios para la Iglesia.

"Respondiendo Simón Pedro, dijo: Tú eres el Cristo, el Hijo del Dios viviente. Entonces le respondió Jesús: Bienaventurado eres, Simón, hijo de Jonás, porque no te lo reveló carne ni sangre, sino mi Padre que está en los cielos. Y yo también te digo, que tú eres Pedro, y sobre esta roca edificaré mi Iglesia; y las puertas del Hades no prevalecerán contra ella". Mateo 16:16-18

A partir de la declaración de Pedro, diciéndole tu eres el Cristo, el Hijo del Dios viviente, Jesucristo le responde que sobre esa verdad revelada por el Padre, o sea Cristo mismo como roca, se edificaría la Iglesia triunfante y verdadera.

Dios llamo en forma y manera especial a Pablo, para hacerlo un Apóstol trabajando con los gentiles, en la cual el mismo tiene la revelación del misterio que le fue revelado.

Es a partir de allí cuando entendemos que la Iglesia de Jesucristo es como un paréntesis, o una interrupción del gran programa de Dios elaborado para Israel.

Todo esto se llevará a cabo dentro del mismo misterio que envuelve a la Iglesia, y cuando esto concluya entonces se reanudará el plan de Dios para con Israel, de acuerdo a como las profecías del Antiguo Testamento lo habían anunciado.

Por lo que se entiende que el misterio de la Iglesia, hace necesario el arrebatamiento antes de la gran tribulación, donde para ese tiempo el plan de Dios para Israel llegará a su conclusión.

CAPÍTULO 10

"He aquí, os digo un misterio: No todos dormiremos; pero todos seremos transformados." 1 Corintios 15:51

El Misterio del Arrebatamiento de la Iglesia

El arrebatamiento de los santos es la súbita partida a la misma presencia de Jesucristo en los aires. Serán todos aquellos que forman parte de la iglesia que son los lavados en la Sangre de Jesucristo, los que estén vivos en la tierra y oigan el sonar de la trompeta. En el mismo instante se producirá la resurrección de los santos; estos son los muertos en Cristo que resucitarán al mismo tiempo, para juntos unirse con Cristo en las nubes.

"He aquí, os digo **un misterio**: No todos dormiremos; pero todos seremos transformados, en un momento, en un abrir y cerrar de ojos, a la final trompeta; porque se tocará la trompeta, y los muertos serán resucitados incorruptibles, y nosotros seremos transformados". 1 Corintios 15:51-52

"Porque si creemos que Jesús murió y resucitó, así también traerá Dios con Jesús a los que durmieron en él. Por lo cual os decimos esto en palabra del Señor: que nosotros que vivimos, que habremos quedado hasta la venida del Señor, no precederemos a los que durmieron. Porque el Señor mismo con voz de mando, con voz de arcángel, y con trompeta de Dios, descenderá del cielo; y los muertos en Cristo resucitarán primero. Luego nosotros los que vivimos, los que *hayamos quedado, seremos arrebatados juntamente con ellos en las nubes para recibir al Señor en el aire, y así estaremos siempre con el Señor"* 1 Tesalonicenses 4:14-17

La palabra *arrebatar* viene de la raíz griega */arpazo/*. Este verbo comunica *"que se ejerce una fuerza de una manera súbita"*, tiene que ver en el sentido de tomar por la fuerza.

También se utiliza la misma palabra de la raíz griega para *apoderarse*, esto tiene que ver con *asir, echar mano, prender, socorrer, sorprender* y especialmente *tomar*. En la lengua castellana La acción de *arrebatar* significa "llevar tras sí, o consigo, con fuerza irresistible".

"En un momento, en un abrir y cerrar de ojos, a la final trompeta, porque se tocará la trompeta, y los muertos serán resucitados incorruptibles, y nosotros seremos transformados." 1 Corintios 15:52

El arrebatamiento conlleva en sí un mensaje relevante que debemos de proclamarlo abiertamente, sin duda ni temor, porque este es el gran evento que experimentará la Iglesia de Jesucristo, y esto está claramente demostrado y enseñado en las Sagradas Escrituras.

El pasaje de 1Corintios describe "El Arrebatamiento" en forma clara y determinante:

He aquí, os digo un **misterio**: *No todos*

dormiremos; pero todos seremos transformados, 1Corintios 15:51

El misterio de la transformación de los muertos y los vivos en Cristo, de un cuerpo terrenal a uno celestial"

El arrebatamiento y la simultanea resurrección de los muertos en Cristo es evidentemente uno de los misterios de Dios mas relevantes a ocurrir. Cuando Pablo escribió sobre la transformación para el arrebatamiento, subrayó primeramente el carácter misterioso de lo que iba a decir:

"He aquí, os digo un misterio: No todos dormiremos; pero todos seremos transformados, en un momento, en un abrir y cerrar de ojos, a la final trompeta; porque se tocará la trompeta, y los muertos serán resucitados incorruptibles, y nosotros seremos transformados" 1 Corintios 15:51-52

"51 Pero permítanme revelarles un secreto maravilloso. ¡No todos moriremos, pero todos seremos transformados! 52 Sucederá en un instante, en un abrir y cerrar de ojos, cuando se toque la trompeta final. Pues, cuando suene la trompeta, los que hayan muerto resucitarán para vivir por siempre. Y nosotros, los que estemos vivos también seremos transformados." 1 Corintios 15:51-52 NTV

Pablo con esto quiso remarcar no sólo el carácter extraordinario sino también la confiabilidad de su declaración.

"Por lo cual os decimos esto en palabra del Señor: que nosotros que vivimos, que habremos quedado hasta la venida del Señor, no precederemos a los que durmieron."
1 Tesalonicenses 4:15

"Les decimos lo siguiente de parte del Señor: nosotros, los que todavía estemos vivos cuando el Señor regrese, no nos encontraremos con él antes de los que ya hayan muerto."
1 Tesalonicenses 4:15 NTV

Es de observar que el mensaje del arrebatamiento tropiece con la insensatez y hasta el rechazo de muchos cristianos e inclusive muchos pastores y lideres. Por esta razon son muchas las veces que se ignora esta enseñanza, a pesar de que el arrebatamiento será el evento más grande e impactante de la historia de salvación, especialmente porque la resurrección y el despertar de los durmieron en Cristo está vinculada con este gran suceso. Esta intervencion y manifestacion divina también será la primera prueba tangible ante el mundo visible y el invisible, que a Jesús, el Mesías, realmente se le ha dado poder sobre la muerte y el reino de la muerte.

Es evidente que esta acontecimiento de tal magnitud sacudirá a Satanás y a su reino y le obligará a disponerse para el último ataque total ya que para ese entonces sabrá que sólo le queda poco tiempo.

El tiempo oculto del arrebatamiento

Los misterios de Dios con relación al establecimiento del reino divino sobre la tierra nos han sido revelados por medio de Jesucristo; lo que permaneció sin ser revelado fue el tiempo de su regreso. Pablo por eso enfatiza nuevamente el carácter misterioso del arrebatamiento, al calificarlo como una Palabra sumamente trascendental del Señor.

La resurrección de los muertos y su transformación junto con los creyentes en Cristo, que vivan aun.

Este acontecimiento sin igual venidero sobrepasará toda mente y pensamiento humano y opacará todo lo que hasta el momento haya acontecido hasta entoncesen el planeta tierra

Algo de enfatizar con relación al carácter misterioso del arrebatamiento, es el futuro cuerpo de gloria que le será dado a quienes irán al encuentro con el Señor. El apóstol Pablo da una respuesta y en el versículo 40 explica, que hay cuerpos terrestres y cuerpos celestiales asi lo declaran las escrituras:

"35 Pero alguien podría preguntar: «¿Cómo resucitarán los muertos? ¿Qué clase de cuerpos tendrán?». 36 ¡Qué pregunta tan tonta! Cuando

pones una semilla en la tierra, esta no crece y llega a ser una planta a menos que muera primero; ^{37} y lo que pones en el suelo no es la planta que crecerá sino tan sólo una simple semilla de trigo o de lo que estés. 1 Corintios 15:35-37 NTV

"También hay cuerpos en los cielos y cuerpos sobre la tierra. La gloria de los cuerpos celestiales es diferente de la gloria de los cuerpos terrenales sembrando." 1 Corintios 15:40 NTV

Esta es una verdad contundente, acerca de la transformacion del cuerpo:

"El cual transformará el cuerpo de la humillación nuestra, para que sea semejante al cuerpo de la gloria suya, por el poder con el cual puede también sujetar a sí mismo todas las cosas." Filipenses 3:21

"Él tomará nuestro débil cuerpo mortal y lo transformará en un cuerpo glorioso, igual al de él. Lo hará valiéndose del mismo poder con el que pondrá todas las cosas bajo su dominio. "Filipenses 3:21 NTV

A pesar de todo, este acontecer milagroso sigue envuelto en el velo de lo misterioso. El relato sobre la aparición de Jesús durante los cuarenta días entre su resurrección y su ascensión, nos da una idea acerca de su cuerpo liberado de toda atadura terrenal.

Pablo lo expresa de la siguiente manera:

"Se siembra cuerpo animal, resucitará cuerpo espiritual. Hay cuerpo animal, y hay cuerpo espiritual" 1 Corintios 15:44

La muerte ya no tiene potestad sobre este cuerpo espiritual transfigurado.

Esta maravillosa realidad se expresa con las siguientes palabras en:

"Bienaventurado y santo el que tiene parte en la primera resurrección; la segunda muerte no tiene potestad sobre éstos, sino que serán sacerdotes de Dios y de Cristo, y reinarán con él mil años." Apocalipsis 20:6

Juan escribe en su primer carta, que seremos semejantes a Jesús, a quien el Padre otorgó el poder y la gloria divina:

"Amados, ahora somos hijos de Dios, y aún no se ha manifestado lo que hemos de ser; pero sabemos que cuando él se manifieste, seremos semejantes a él, porque le veremos tal como él es. Y todo aquel que tiene esta esperanza en él, se purifica a sí mismo, así como él es puro" 1 Juan 3:2-3

En estos textos, cuando Juan declara que vuelve a revelarse el carácter misterioso de la esperanza celestial en Cristo Jesús. Pero una cosa pudo decir con seguridad: *"seremos semejantes a él"*.

Al darnos esta revelacion de esta inimaginable gloria, también nos recuerda los requisitos que deberemos cumplir, es decir purificarnos a nosotros mismos así como él es puro. El propio Señor Jesús debe ser tu modelo en tu nueva vida de fe.

El misterio que Pablo menciona es la gran verdad, que cuando Jesucristo regrese desde el cielo en busca de su Iglesia, para llevarla al reino celestial, los creyentes fieles que estén vivos para ese entonces experimentarán en forma majestuosa y poderosa en un instante, en forma sorpresiva e inmediata, la transformación del cuerpo, de tal manera que a partir de allí serán inmortales, gozando para siempre de la vida eterna.

Es lamentable ver a miles de creyentes en esta hora que han dejado de poner su mirada y sus metas en las cosas de arriba, las celestiales. Sus esperanzas y confianza los han puesto en las cosas de este mundo, y han perdido la motivación por algo mejor y superior, lo cual es la morada celestial.

Aunque debe de reconocerse que hay millones también de creyentes fieles, que estamos mirando las cosas de arriba, puestos nuestros ojos en el autor y consumador de la fe, sin dejar que nada de este mundo los manipule ni los controle, sino que estamos dispuesto a exclamar unidos al Espíritu Santo "Amen, si ven Señor Jesús".

Hay algo que Pablo también enfatiza en el versículo 51 del capítulo 15 de Corintios, *"no todos dormiremos"*, él esta hablando en término plural y a la misma vez se incluía a si mismo.

En verdad Pablo mantenía la perspectiva y expectación de que Jesucristo podía venir por sus fieles en aquella generación.

Y aún cuando Cristo no volvió en esa generación que Pablo lo anhelaba, este Siervo de Dios con todo y esto no estaba equivocado, ni decía nada extraño al manifestarlo. Porque él mismo entendía que Cristo podría venir en cualquier hora del día, o sea en cualquier momento.

Absolutamente todos los que esperan ser parte del gran evento llamado arrebatamiento o rapto como lo conocemos, compartimos el mismo punto de vista e inspiración del Apóstol Pablo.
Las palabras, enseñanzas, y revelaciones proféticas en todo el Nuevo Testamento advierten a cada fiel creyente a creer y entender que estamos viviendo en los últimos días, y esto nos hace vivir con la esperanza de que Cristo pudiera venir a buscarnos ahora mismo.

La Biblia nos enseña por lo menos tres razones

por la cual es necesaria la resurrección del cuerpo:

1. **El cuerpo es parte esencial de la personalidad humana**, los seres humanos quedan incompletos sin cuerpo, este es el gran milagro que Jesucristo por medio de la obra de la redención realizó para toda persona que cree en El, incluyendo el cuerpo.

"Pues tengo por cierto que las aflicciones del tiempo presente no son comparables con la gloria venidera que en nosotros ha de manifestarse. Porque el anhelo ardiente de la creación es el aguardar la manifestación de los hijos de Dios. Porque la creación fue sujetada a vanidad, no por su propia voluntad, sino por causa del que la sujetó en esperanza; porque también la creación misma será libertada de la esclavitud de corrupción, a la libertad gloriosa de los hijos de Dios.

Porque sabemos que toda la creación gime a una, y a una está con dolores de parto hasta ahora; y no sólo ella, sino que también nosotros mismos, que tenemos las primicias del Espíritu, nosotros también gemimos dentro de nosotros mismos, esperando la adopción, la redención de nuestro cuerpo. Romanos 8:18-23

2. **El cuerpo es el templo del Santo Espíritu, y llegará a ser templo del espíritu en la resurrección.**

"O ignoráis que vuestro cuerpo es templo del Espíritu Santo, el cual está en vosotros, el cual tenéis de Dios, y que no sois vuestros? Porque habéis sido comprados por precio; glorificad, pues, a Dios en vuestro cuerpo y en vuestro espíritu, los cuales son de Dios" 1 Corintios 6:19-20

3. **Porque a través de esto el enemigo final de la humanidad la muerte del cuerpo será vencido para siempre mediante la resurrección.**

"Y el postrer enemigo que será destruido es la muerte." 1 Corintios 15:26

Es de notar que la resurrección del cuerpo, está plenamente garantizada porque Jesucristo fue primogénito de los que habían de resucitar, esto nos muestra que si Él fue el primero, habría muchos después que también experimentarían esto.

Pero si se predica de Cristo que resucitó de los muertos, ¿cómo dicen algunos entre vosotros que no hay resurrección de muertos? Porque si no hay resurrección de muertos, tampoco Cristo resucitó. Y si Cristo no resucitó, vana es entonces nuestra predicación, vana es también vuestra fe. Mas ahora Cristo ha resucitado de los muertos; primicias de los que durmieron es hecho. Porque por cuanto la muerte entró por un hombre, también por un hombre la resurrección de los muertos. Porque así como en Adán todos mueren, también en Cristo todos serán vivificados. Pero cada uno en su debido orden: Cristo, las primicias; luego los que son de Cristo, en Su venida. 1Corintios 15:12-14, 20-23

La resurrección de Jesucristo, fue prueba tangible y real, de la seguridad que se proyecta sobre el creyente acerca de su herencia futura, y de su resurrección o transformación cuando se produzca el arrebatamiento.

Esta transformación debe llevarse a cabo, porque carne, ni sangre no heredaran el cielo.

"Pero esto digo, hermanos: que la carne y la sangre no pueden heredar el reino de Dios, ni la corrupción hereda la incorrupción. He aquí, os digo un misterio: No todos dormiremos; pero todos seremos transformados", 1 Corintios 15:50-51

Esto entonces nos declara que el cuerpo resucitado del creyente o transformado será igual que el cuerpo de Nuestro Señor, miremos lo que Dios establece finalmente:

- El cuerpo resucitado o transformado será acondicionado o adaptado para la eternidad, para el cielo, y aún para el nuevo cielo y la nueva tierra.

- Tendrá continuidad e identidad y por lo tanto será reconocible.

- Estará libre de enfermedad, debilidad,

dolor, descomposición y muerte, ya que el cuerpo será revestido de inmortalidad.

– Será espiritual, no natural, o sea, para entenderlo mejor no estará limitado por las leyes de la naturaleza.

En esta victoria final la Biblia indica que se lograrán tres propósitos:

1. **Para que los creyentes lleguen a ser todo lo que Dios estableció en la creación del hombre, vida eterna con Él**, ya que por la consecuencia del pecado esto fue cancelado, pero por medio de Jesucristo fue reconquistado.

2. **Para que conozcamos a Dios a plenitud**, o sea en manera completa, como sólo Él desea que le conozcamos.

Y esta es la vida eterna: que te conozcan a ti, el único Dios verdadero, y a Jesucristo, a quien has enviado. Juan 17:3

3. **Para que podamos contemplar todo aquello que Dios ha preparado**.

"Para mostrar en los siglos venideros las abundantes riquezas de su gracia en su bondad para con nosotros en Cristo Jesús". Efesios 2:7

Por lo tanto, en los textos que he mencionado con respecto al arrebatamiento, este es el evento que tendrá lugar en el tiempo señalado dentro de la soberanía de Dios, donde aquellos que son parte de la Iglesia de Jesucristo, serán levantados de la tierra para encontrarse con el Señor en el aire.

Esto es en detalle lo que ocurrirá en el mismo momento del arrebatamiento.

- En el mismo momento que precede el arrebatamiento o rapto, cuando el Señor este descendiendo, se producirá la resurrección de los muertos en Cristo.

- Simultáneamente mientras esto ocurre, los creyentes fieles serán transformados, o sea sus cuerpos cambiados y revestidos de inmortalidad. El tiempo que se tomará para que esto suceda, será solo como un abrir y cerrar de ojos.

- Los muertos en Cristo resucitados y los creyentes en vida transformados, serán levantados para reunirse junto a Cristo en el aire, esto significa que para esta ocasión Cristo no descenderá, sino que su Iglesia se encontrará con El en las alturas.

"Por lo cual os decimos esto en palabra del Señor: que nosotros que vivimos, que habremos quedado hasta la venida del Señor, no precederemos a los que durmieron. Porque el Señor mismo con voz de mando, con voz de arcángel, y con trompeta de Dios, descenderá *del cielo; y los muertos en Cristo resucitarán primero. Luego nosotros los que vivimos, los que hayamos quedado, seremos arrebatados juntamente con ellos en las nubes para recibir al Señor en el aire, y así estaremos siempre con el Señor"* 1 Tesalonicenses 4:15-17

- La Iglesia será unida con Cristo, y ambos entrarán en la casa del Padre, en el cielo eterno, morada del Dios de gloria.

- Este gran evento apartará para siempre a la Iglesia de todo sufrimiento, dolor y desesperación, de todo dominio del pecado, de Satanás y aún de la misma muerte, lo que significa que la Iglesia será librada de la ira venidera, o sea, de la gran Tribulación.

"Y esperar de los cielos a su Hijo, al cual resucitó de los muertos, a Jesús, quien nos libra de la ira venidera" 1 Tesalonicenses 1:10

"Porque no nos ha puesto Dios para ira, sino para alcanzar salvación por medio de nuestro Señor Jesucristo, quien murió por nosotros para que ya sea que velemos, o que durmamos, vivamos juntamente con él". 1 Tesalonicenses 5:9

La esperanza del evento del arrebatamiento es una gloriosa esperanza para todo fiel creyente, al entender que Dios en ese gran misterio del arrebatamiento, ha planificado librarnos de la ira.

En la Biblia Dios ha dado evidencias en la que queda demostrado que en el período más angustioso que la humanidad experimentará, la Iglesia será librada.

La razón es que ese período angustioso y desesperante no es para la Iglesia.
Por lo cual es menester que distingamos en el término profético muy claramente, entre la iglesia, Israel, y el mundo, de lo contrario te verás confrontado por serios dilemas y confusión, para discernir y entender el plan de Dios para cada uno.

Buscando a Dios en Espíritu y Verdad

Los verdaderos creyentes son aquellos que han tenido un encuentro con la santidad de Dios, no viviendo en el pecado, ni en tinieblas, ellos verán el brillar de un nuevo día, que precederá a la noche. La noche demarcada en el programa de Dios para este mundo, llamada la ira.

"Velad, pues, en todo tiempo orando que seáis tenidos por dignos de escapar de todas estas cosas que vendrán, y de estar en pie delante del Hijo del Hombre" Lucas 21:36

La gran verdad bíblica nos declara lo siguiente con relación a todo esto.

"Mas vosotros, hermanos, no estáis en tinieblas, para que aquel día os sorprenda como ladrón. Porque todos vosotros sois hijos de luz e hijos del

día; no somos de la noche ni de las tinieblas. 1 Tesalonicenses 5:4-5

La gloriosa esperanza del arrebatamiento de la Iglesia, es la gran verdad revelada produciendo fortaleza, ánimo y aliento cada día.

Nadie Puede Predecir el Día y la Hora

Bajo ningún concepto esto debe de servir a las intenciones de aquellos que procuran erróneamente establecer cálculos o especulaciones concernientes al día y hora.

Lo importante que la Iglesia debe de saber mediante la revelación del tiempo presente es que el día del Señor vendrá, y lo grande de esto es la sorpresa, por lo cual debemos de estar despiertos, en estado de alerta y preparados para ese momento.

Hay algunas preguntas que quiero contestar referente al arrebatamiento o rapto, de acuerdo a lo que hasta aquí he compartido, estas son las siguientes:

1. ¿Qué es en realidad el arrebatamiento de la Iglesia?

2. ¿Porque es decisivo que el arrebatamiento se produzca antes de la gran tribulación?

3. ¿De qué forma se producirá el arrebatamiento?

4. ¿Quiénes serán los que participarán en el arrebatamiento?

5. ¿En qué momento exacto se llevará a cabo el arrebatamiento?

6. ¿Es necesario que nos preparemos para el arrebatamiento?

Vamos a dar respuesta a la primera pregunta.

1. ¿Qué es en realidad el arrebatamiento o rapto de la Iglesia?

Esta gran promesa comienza en el mismo momento que Jesús resucita de entre los muertos.

Más tarde le da la promesa a sus discípulos, en el monte de los Olivos antes de ser levantado al cielo en una nube en gloria.

Si Jesucristo fue primicia de los que habían de resucitar, también al ser levantado era primicia de los que en un futuro serían levantados.

Cristo es la cabeza de la Iglesia y la Iglesia a su vez es su cuerpo, donde está la cabeza allí también debe estar el cuerpo.

O sea que el arrebatamiento producirá el gran milagro de Cristo y su Iglesia unidos para siempre por la eternidad.

Jesús al interceder a su Padre, clamó con gran intensidad diciendo:

"Padre, aquellos que me has dado, quiero que donde yo, también ellos estén conmigo, para que vean mi gloria que me has dado; porque me has amado desde antes de la fundación del mundo." Juan 17:24

En el día del arrebatamiento, el Padre, dará por contestada esta petición de su amado Hijo.

El Señor también declaró a sus discípulos esta gran verdad, anhelando que un día sus discípulos, estuvieran junto con él.

"En la casa de mi Padre muchas moradas hay; si así no fuera, yo os lo hubiera dicho; voy, pues, a preparar lugar para vosotros. Y si me fuere y os preparare lugar, vendré otra vez, y os tomaré a mí mismo, para que donde yo estoy, vosotros también estéis" *Juan 14:2-3*

El arrebatamiento es la transformación a la imagen de aquel que fue transformado antes que nosotros, es allí donde seremos semejantes a El y le veremos tal como es El.

"Amados, ahora somos hijos de Dios, y aún no se ha manifestado lo que hemos de ser; pero sabemos que cuando él se manifieste, seremos semejantes a él, porque le veremos tal como él es. Y todo aquel que tiene esta esperanza en él, se purifica a sí mismo, así como él es puro".

1 Juan 3:2-3

Este glorioso evento es parte del programa profético de Dios, por lo cual quieran o no aceptarlo los humanos, por encima de todo esto se cumplirá y no habrá nadie, quien lo pueda impedir.

2. ¿Porque es decisivo que el arrebatamiento se produzca antes de la gran tribulación?

Jesús dijo con relación a su Iglesia lo siguiente:

"Vosotros sois la sal de la tierra; pero si la sal se desvaneciera, ¿con que será salada? No sirve mas para nada, sino para ser echada fuera y hollada por los hombres". Mateo 5:13

Es de entender que la sal es esencial, esta da sabor y a la vez preserva los alimentos, o sea que los protege de que se echen a perder o se corroan.

La sal siempre ha tenido cualidades purificadoras, y a la vez antisépticas.

En las naciones de oriente la sal vino a ser símbolo de fidelidad y amistad.

Del mismo modo en la Biblia nos enseña que la sal es un símbolo del pacto entre Dios y su pueblo, esto lo podemos leer en la Palabra.

¿No sabéis vosotros que Jehová Dios de Israel

dio el reino a David sobre Israel para siempre, a él y a sus hijos, bajo pacto de sal? 2 Crónicas 13:5*

En sus enseñanzas El Señor Jesucristo, es figura de aquella salud y de aquel vigor espiritual esencial para la vida cristiana y para contrarrestar toda corriente de corrupción que se encuentra en este mundo.

El Señor comparó a la Iglesia, en su carácter y condición, como la sal, ya que es esta que impide que la plenitud del pecado llegue a su clímax. Esta es la que resiste con el poder del Espíritu Santo la total degradación moral y la corrupción de la sociedad de nuestros días actuales.

Jesús continuó diciendo con respecto a la Iglesia:

"Vosotros sois la luz del mundo, una ciudad asentada sobre un monte no se puede esconder. Ni se enciende una luz y se pone debajo de un almud, sino sobre el candelero, y alumbra a todos los que están en casa. Así alumbre vuestra luz delante de los hombres, para que vean vuestras buenas obras, y glorifiquen a vuestro Padre que esta en los cielos" Mateo 5:14-16

Mientras haya luz, es imposible que las tinieblas alcancen su plenitud, cuando uno entra a una habitación y prende el interruptor de la luz, toda

La Revelación de los Misterios de Dios

la habitación se ilumina, quien hizo desaparecer la obscuridad fue la luz, lo que esto significa que siempre la luz se impone con mayor fuerza e intensidad disipando la oscuridad.

Si como Iglesia somos fieles responsables ante la encomienda que se nos ha sido delegada, estaremos funcionando como luz, alumbrando por medio del poder del Espíritu Santo, y los ojos de millones de personas serán abiertos y comprenderán en esta hora la grandeza del Cristo resucitado.

La luz es una emanación luminosa, lo que posibilita a los ojos discernir la forma y color de los objetos, o sea que la luz necesita y exige un órgano apto para recibirla, en este caso son los ojos.

Cuando no hay ojos o cuando por alguna razón la vista ha sido afectada o impedida por alguna causa determinada, la luz no tiene utilidad.

Esto nos indica que el hombre natural, es incapaz de percibir la luz espiritual, por cuanto carece de la capacidad para discernir lo espiritual.

Por esta razón que los creyentes en Cristo, reciben el nombre de hijos de luz, no solo por haber recibido revelación de Dios, sino que además por medio del nuevo nacimiento han recibido la capacidad espiritual para ella.

Jesucristo mismo declaró, que no se puede esconder la luz, lo que quiero trasmitir es, que mientras haya un rayo de luz, nunca las tinieblas podrán alcanzar la plenitud total. Esto nos revela que para Satanás operar y llevar a cabo sus planes en el tiempo final, la luz tiene que desaparecer. Cuando esto se produzca, las tinieblas, es decir, la obscuridad de la noche espiritual alcanzará su clímax máximo sobre la humanidad.

El arrebatamiento de la iglesia, es necesario para que las tinieblas de la noche, den lugar a la aparición del terrible personaje llamado el Anticristo, quien recién entonces podrá tomar el control absoluto y total del mundo, no sin antes que la luz sea quitada de en medio.

El misterio de Iniquidad jamás podrá llevar a cabo su plan y su obra de tinieblas completamente mientras haya luz presente en la tierra.

De acuerdo con este punto, nos debemos dar cuenta de que es una necesidad que la Iglesia sea quitada del medio, para que lo que ha de manifestarse se lleve a cabo, de acuerdo a la Palabra de Dios.

Es necesario también que se produzca el arrebatamiento para que se cumpla el programa profético que indica que Satanás el acusador, será expulsado de las esferas celestes, así lo establece la profecía.

"Entonces oí una gran voz en el cielo, que decía: Ahora ha venido la salvación, el poder, y el reino de nuestro Dios, y la autoridad de su Cristo; porque ha sido lanzado fuera el acusador de nuestros hermanos, el que los acusaba delante de nuestro Dios día y noche. Y ellos le han vencido por medio de la Sangre del Cordero y de la palabra del testimonio de ellos, y menospreciaron sus vidas hasta la muerte. Por lo cual alegraos, cielos, y los que moráis en ellos. ¡Ay de los moradores de la tierra y del mar! porque el diablo ha descendido a vosotros con gran ira, sabiendo que tiene poco tiempo". Apocalipsis 12:10-12

La Biblia establece en estos textos que el acusador ha sido lanzado fuera, a quien en verdad acusa no es al mundo, ni al pecador, ni siquiera a Israel, sino a los redimidos, a los fieles creyentes de Cristo, aquellos que fueron redimidos del pecado, de sus artimañas, y de su culpabilidad.

Vemos que antes del arrebatamiento, estábamos siendo expuestos a ser acusados; aunque no hay porque preocuparse pues tenemos al abogado y mediador eterno en los cielos, quien es nuestro único Sumo Sacerdote, al cual le damos toda la gloria y honra.

Esta expulsión también es necesaria porque la Iglesia ha sido arrebatada y se encuentra en el cielo y Satanás ha perdido su trabajo para siempre, ya que no tiene a nadie a quien acusar.

Mas cuando la Iglesia se encuentre en las bodas del Cordero, Satanás perderá para siempre su tarea de acusador y es allí donde se cumple esta gran verdad.

"Y ellos le han vencido por medio de la sangre del Cordero y de la palabra del testimonio de ellos, y menospreciaron sus vidas hasta la muerte". Apocalipsis 12:11

Una de las realidades en cuanto a este misterio del arrebatamiento es que esto acontecerá a fin de que la Palabra de Dios se cumpla totalmente, así lo declara el texto siguiente:

"Y cuando esto corruptible se haya vestido de incorrupción, y esto mortal de inmortalidad, entonces se cumplirá la palabra que está escrita: Sorbida es la muerte en victoria" 1 Corintios 15:54

El arrebatamiento o rapto se debe de producir para que se cumpla lo siguiente:

"¿O no sabéis que los santos han de juzgar al mundo?..." 1 Corintios 6:2

Esto confirma que la Iglesia está llamada y destinada a un propósito específico en Dios; a reinar en el mundo por venir, durante el reino milenial de Cristo en la tierra.

Por lo tanto es imposible poder juzgar al mundo

en una naturaleza llena de imperfecciones y limitaciones, para ello debemos ser perfeccionados, de lo contrario será imposible establecer la Justicia Divina.

Todo esto nos confirma que al ser arrebatada la Iglesia, ésta es perfeccionada, ya que lo corruptible se viste de incorruptibilidad.

Es de destacar que es muy bien que la Iglesia haga todo el mayor esfuerzo bajo la unción del Espíritu Santo, por expandir el reino de Dios en las naciones, bajo el poder y autoridad de lo alto. Con todo y esto, es imposible que se pueda llegar a pensar, que existe una corriente de enseñanza, que menciona el reino de Dios ahora, sin la experiencia del arrebatamiento o rapto.

Entiéndalo bien, muchos hoy en día creen que la Iglesia está en la tierra para preparar el reino milenial de Cristo en este mundo, y que por lo tanto no se producirá ningún arrebatamiento, **sino que la Iglesia recibe a Cristo en la tierra.**

Quiero dejar bien claro, que creo en el reino de Dios, en su expansión, en su conquista, en su bendición, en su poder y autoridad, proclamando las verdades eternas a las naciones, pero bajo ningún concepto puedo admitir, que la Iglesia quede ajena de experimentar esa esperanza de gloria que es el rapto o arrebatamiento.

Es más, el hecho de que Cristo venga a establecer su reino milenial en la tierra, será exclusivamente una intervención del Todopoderoso Dios, por medio de la Segunda Venida visible de Jesucristo a la tierra.

3. ¿De qué forma se producirá el arrebatamiento?

*"En un **momento**, en un abrir y cerrar de ojos, a la final trompeta..."* 1 Corintios 15:52

La palabra momento, viene de la raíz griega, *átomos*, esto tiene que ver con intacto, indivisible, no seccionado, infinitamente pequeño.

Cuando se una, con referencia al tiempo, ella representará una unidad de tiempo extremadamente corta, un destello, un instante, una unidad de tiempo que no se puede dividir.

Un segundo puede ser calibrado a un décimo, un centésimo, un milésimo de un segundo.

Se llevará a cabo en un abrir y cerrar de ojos, instantáneamente, de repente, inesperadamente, sin ningún aviso previo, ni tiempo para que las personas se preparen para el mismo.

Es importante que podamos discernir la diferencia entre Israel y La Iglesia.

La Iglesia de Jesucristo será arrebatada en forma vertical de la tierra al cielo, para estar para siempre con su Señor.

El pueblo de Israel será recogido en forma horizontal, de todos los lugares de la tierra, y congregados en la tierra que Dios le dio por herencia desde tiempo antiguos.

Es evidente notar que el mismo Señor recogerá a su amada Iglesia, El en forma personal se encontrará con ella en el aire.

"...seremos arrebatados juntamente con ellos en las nubes para recibir al Señor en el aire, y así estaremos siempre con el Señor"
1 Tesalonicenses 5:17

Cuando esté a punto de producirse el arrebatamiento o rapto de la Iglesia, hará tres anuncios que se escucharán, primero un grito o sonido fuerte, comparado con una voz de mando, segundo, voz de arcángel, y tercero trompeta de Dios, que se unirán a una sola llamada.

La Biblia hace referencia a la trompeta de Dios, no debemos confundir, este sonido, con el sonar de la trompeta de la guerra, ni de los ángeles, ni de los juicios, este sonido es diferente a todas las demás trompetas.

"Hazte dos trompetas de plata; de obra de martillo las harás, las cuales te servirán para *convocar la congregación". Números 10:2*

"Y cuando las tocaren, toda la congregación se reunirá ante ti a la puerta del tabernáculo de reunión". Números 10:3

No existe evidencia de que el sonido de la trompeta fuera escuchada por nadie más sino solamente los que se encontraban en el campamento. Era una llamada de reunión de salirse cada uno de su tienda y reunirse todos juntos frente al tabernáculo.

Algo muy significativo que quiero resaltar, es que los que escucharon el sonido fue el pueblo que estaba en el campamento, lo mismo sucederá en el momento del arrebatamiento, quienes únicamente escucharán el sonido de la trompeta de Dios, serán aquellos que estén preparados y apercibidos para el mismo.

La Ultima trompeta de Dios no será notada ni escuchada por el mundo, sino sólo por los que tienen un oído espiritual interno, los que oyen diariamente la voz de su Señor.

Es de notar por lo tanto, que ésta última trompeta de Dios, no será oída, ni percibida por el mundo, sino aquellos que tienen el oído agudizado y sensible para oírla.

El objetivo del sonar de la trompeta es para dar la señal de que el Rey se levanta de su trono para recoger a Su amada, también es el sonido de la señal para reunir a su pueblo y llevarlo al lugar celestial de su eterna morada.

El mismo Señor descenderá del cielo con un grito de victoria. El volverá triunfante y con toda gloria y poder su grito se hará oír con toda autoridad siendo así que los mismos muertos en el sepulcro oirán su voz y serán levantados. Su grito despertará a los que duermen. El grito es de victoria y el sonido de trompeta es para la reunión de los santos.

4. ¿Quiénes serán los que participarán en el arrebatamiento?

Quienes participarán del arrebatamiento o rapto, serán todos los creyentes nacidos de nuevo, lavados en la Sangre de Jesús, aquellos que se han mantenido en fidelidad y obediencia a Dios y Su Palabra revelada.

5. ¿En qué momento exacto se llevará a cabo el arrebatamiento?

Con referencia a esto es menester resaltar, que todo intento por determinar hora, día, mes y año cuando esto se producirá es totalmente antibíblico e incorrecto.

A través de los tiempos, tanto en el pasado, como en este tiempo presente, son muchos los que de alguna manera han querido determinar el momento exacto cuando esto acontezca, el hacerlo se cae en el fracaso y es llevado por la confusión.

Solo nos resta creer que el vendrá por su Iglesia, y que el arrebatamiento se producirá, debemos mantenernos como siervos fieles de acuerdo a lo que el mismo Señor declaró por medio de Su Palabra.

"Vosotros, pues, también, estad preparados, porque a la hora que no penséis, el Hijo del hombre vendrá". Lucas 12:40

La Iglesia debe siempre espiritualmente estar lista, porque el Señor vendrá por ella en un momento o tiempo indeterminado y a la vez inesperado. Esto nos muestra que el elemento sorpresa es lo que distingue este gran evento. Todo esto nos indica que no hay manera de calcular la fecha exacta, muchos son los que han dañado al intentar establecer de alguna u otra manera una fecha precisa de tal acontecimiento.

"Velad, pues, porque no sabéis a que hora ha de venir vuestro Señor" Mateo 24:42

La advertencia del mismo Señor Jesucristo, dada a sus discípulos y por consiguiente a su Iglesia es que deben de estar preparados.

El establece con claridad que Su venida por la Iglesia, será en un momento inesperado y sin previa advertencia, esto afirma que no solo ellos desconocen la hora, sino que el volverá en un momento cuando muchos no lo esperan.

El ver con precisión estos detalles esto nos da a entender que todo esto se llevará cabo en forma sorpresiva.

"Por lo tanto, también vosotros estad preparados; porque el Hijo del Hombre vendrá a la hora que no pensáis" Mateo 24:44

En tiempos de apatía, indiferencia, conformismo, y descuido, es donde el Señor aparecerá inesperadamente, la Iglesia será raptada o arrebatada para recibirle en el aire, mientras muchos serán dejados atrás.

La realidad de tal evento nos lleva a ser responsables, viviendo en una actitud tal como Él lo ha determinado, velando y orando, mientras somos conscientes de su regreso con la gran expectativa del arrebatamiento, sus fieles creyentes deben de servirle con integridad y sinceridad.

A través de la historia de la cristiandad, muchos fueron los que de forma diversa han intentado equivocadamente establecer cuando el Señor volverá, y la ignorancia de todos estos esfuerzos, le han llevado a determinar orgullosamente el tiempo según ellos han creído es la venida de Jesús.

Aquellos que lo han hecho e intentado seguir haciéndolo, se han olvidado que Jesús declaró en forma explícita que nadie sabe, sino solo mi Padre que está en los cielos.

Inclusive algunos han dicho que es cierto que no pueden saber el día ni la hora, pero si determinar el mes y año, y esto es también totalmente erróneo.

Nadie absolutamente nadie puede saber, ni declarar con seguridad el año ni la década establecida, nada de esto es, ni será correcto.

Jesús estableció este principio, "Velad", este es el gran desafío que tenemos por delante, esto nos hace que estemos anhelando cada día el momento del arrebatamiento.

La responsabilidad de todo fiel creyente es ésta; estar consecuentemente preparados en todo momento y a la vez siendo instrumentos de Dios, para expandir su mensaje a las naciones entre tanto que El viene.

Es decisivo que estemos ocupados en los negocios de Nuestro Padre Celestial, viviendo en estado de expectativa, reprendiendo toda clase de cálculos especulativos, en cuanto a fechas determinadas.

Solo nos resta trabajar mientras el día dura, porque la noche viene en que nadie podrá trabajar.

6. ¿Es necesario que nos preparemos para el

arrebatamiento?

Así es; Jesucristo mismo nos enseña a estar preparados dándonos como ejemplo la parábola de las diez vírgenes y las bodas, en la que aquellos que no están preparados no pueden participar. Y a la vez nos habla de la responsabilidad que debemos mantener en una búsqueda contínua de su presencia. La parábola nos habla de diez vírgenes que esperaban las bodas, cinco eran prudentes y cinco insensatas.

La palabra prudencia en el original griego es /fronesis/ lo cual significa tener entendimiento, una sabiduría práctica, y también prudencia en la conducción de asuntos importantes.

También encontramos una segunda palabra que es utilizada para explicar prudencia que es /sunesis/ esta tiene que ver con inteligencia, y conocimiento. Así como dominio propio, templado o sobrio. Una forma de pensar con cordura.

Las vírgenes prudentes estaban apercibidas de que el Señor podría venir en cualquier momento, por eso prepararon sus lámparas con tiempo. Ellas sabían que el esposo podría llegar en cualquier momento. Todas cabecearon porque la noche había llegado y el cansancio del día estaba sobre sus cuerpos físicos pero las prudentes o inteligentes, estaban listas, porque tenían aún aceite de reserva en sus vasijas.

El llamado fue sorprendente; "Salid a recibirle" esto fue un llamado para los que deberían estar preparados.

Debemos prepararnos para el arrebatamiento habiendo experimentado el genuino y nuevo nacimiento, del cual la Biblia nos habla. Necesitamos vivir en esta nueva vida que el Señor nos ha impartido, en una actitud de oración diaria.

Anhelando día a día ser alimentados y fortalecidos por la Palabra de Dios, sabiendo que *"no sólo de pan vivirá el hombre, sino de toda palabra que sale de la boca de Dios".*

Estar dispuesto a escuchar, y guardar la Palabra de Dios, aplicándola diariamente a nuestra forma y estilo de vida.

Compartir con otros lo que el Señor ha hecho en nuestras vidas, buscar y estar unidos a otras personas que estén consagradas y dedicadas al Señor, para ser llevadas a una mayor madurez y crecimiento espiritual.

Esta madurez espiritual producirá deseo continuo de amar la verdad revelada de Dios en la vida de sus hijos y esto a la vez les mantendrá libres de toda atadura.

Cuando se va creciendo hay un mayor deseo por alcanzar nuevas metas y objetivos, con el propósito de agradar cada día al Señor que nos ha redimido, por lo que, anhelar que El venga es parte de nuestra relación con El.

Cuando se vive experimentando a diario todas estas realidades, nos gozaremos al ver el movimiento del cumplimiento profético de los últimos días, creyendo que lo mejor de nuestras vidas no ha estado en el pasado, sino en el futuro que nos aguarda.

"Y el Espíritu y la Esposa dicen: Ven. Y el que oye, diga: Ven. Y el que tiene sed, venga; y el que quiera, tome del agua de la vida gratuitamente. Yo testifico a todo aquel que oye las palabras de la profecía de este libro: Si alguno añadiere a estas cosas, Dios traerá sobre él las plagas que están escritas en este libro. Y si alguno quitare de las palabras del libro de esta profecía, Dios quitará su parte del libro de la vida, y de la santa ciudad y de las cosas que están escritas en este libro. El que da testimonio de estas cosas dice: Ciertamente vengo en breve. Amén; sí, ven, Señor Jesús". Apocalipsis 22:17-20

El tener la seguridad del arrebatamiento, no es un escapismo como muchos pretenden enseñar, sino todo lo contrario, es la mayor esperanza de gloria, que un día estaremos para siempre con nuestro Señor y Rey y no solo por un tiempo, sino por toda la eternidad, atrévete a creer en este misterio revelado y te aseguro que tú también contemplarás la gloria del cielo.

CAPÍTULO 11

"Porque el misterio de la iniquidad ya está en acción, sólo que aquel que por ahora lo detiene, lo hará hasta que él mismo sea quitado de en medio." 2 Tesalonicenses 2:7 LBLA

El Misterio de la Iniquidad

Paracomenzar el análisis acerca del misterio de la iniquidad, nombrado por el Apóstol Pablo, empezaremos por estudiar la misma palabra, para descifrar su significado, del misterio de Iniquidad tal como lo menciona el Apóstol Pablo en el siguiente texto bíblico:

Iniquidad viene de la palabra /anomia/ lo cual significa: carencia de ley, o bajo una manifestación de maldad. Aparece unas 49 veces en el libro de los salmos y tiene que ver con:

- transgresión a la ley.
- hacer lo que es en contra de la ley, actos o manifestaciones de revuelta contra la ley.

a) Evidentemente, cuando se menciona la palabra **trasgresión** se refiere a: "traspasar los límites que marcan la separación entre la castidad y el libertinaje".

b) Se refiere también: con paso en falso, infracción, desviación de la rectitud y desviación de la verdad.

Injusticia

ii) Para iniquidad, existe otra segunda palabra en griego que es /adikia/, esto indica: injusticia, irrectitud, condición de lo que no es derecho, ante Dios, basado en la norma de su santidad y rectitud. También con el hombre, en base de la norma de lo que el hombre sabe que es recto mediante su conciencia. La injusticia es la forma de moverse hoy desde los gobiernos, hasta incluso, los jueces. Aunque lamentablemente la corrupción, a veces, sale de las cabezas de las naciones y el fraude es parte del diario vivir.

Violación de la Ley

iii) Una tercera palabra define este término y es /paranomia/ lo cual significa: "quebrantamiento de la ley". Es aquello que va en contra o para afirmar lo que es sin ley, en definición: es todo aquello que se revela a lo que Dios mismo ha establecido. La palabra iniquidad es literalmente: *injusticia*, la condición de no ser recto, ya sea en relación con Dios, en base a su forma inamovible de justicia y santidad, o en relación con los hombres, basado en lo que el hombre piensa que es justo por su propia conciencia y por sus buenas obras.

La palabra iniquidad en la raíz original hebrea encontramos también, /awon/ lo cual significa: **culpa, castigo**. Este nombre, se encuentra 231 veces en el Antiguo Testamento y se limita al hebreo y arameo bíblico. La primera declaración de /awon/ proviene de los labios de Caín, con la connotación especial de "castigo": *Y dijo Caín a Jehová: Grande es mi castigo para ser soportado.* Génesis 4:13. El significado básico de /awon/ es iniquidad. El término indica:

- una ofensa, intencional o no, en contra de la Ley de Dios.

Posee el mismo significado fundamental con la palabra "pecado" /jatta't/, por lo que los vocablos /jatta't/ y /awon/ son virtualmente sinónimos:

He aquí que esto (el carbón encendido) ha tocado tus labios (los de Isaías); tu culpa /'awon/ ha sido quitada, y tu pecado /jatta't/ ha sido perdonado. Isaías 6.7.

La palabra /awen/, tiene también que ver con iniquidad; infortunio, desgracia. La acepción "desgracia" o "infortunio" se pone de manifiesto en las maquinaciones de los malos en contra de los justos: *Si alguien viene a verme, habla mentira. Su corazón acumula iniquidad para sí, y saliendo afuera, lo divulga.* Salmos 41:6.

La Palabra /Awen/ en este sentido es sinónimo de /êd/, **desastre** (Job 18:12).
En un sentido muy real /awen/ es parte de la existencia humana, y como tal, el vocablo es idéntico a /amall/ que significa **trabajo**, como en Salmos 90.10: *Los días de nuestra vida son*

setenta años; y en los más robustos, ochenta años. La mayor parte de ellos es duro trabajo y vanidad; pronto pasan, y volamos. /Awen/, en un sentido más profundo, caracteriza el estilo de vida de los que no tienen a Dios:

Porque el vil habla vilezas; su corazón trama la iniquidad para practicar la impiedad y hablar perversidades contra Jehová, a fin de dejar vacía al alma hambrienta y privar de bebida al sediento. Isaías 32:6

El interior del hombre está corrompido por la iniquidad desde los tiempos de Caín. Aunque toda la humanidad, desde entonces, está sujeta a /Awen/ (trabajo, afán).

Hay quienes se deleitan en causar dificultades y «desgracias» para otros, tramando, mintiendo y comportándose engañosamente. El salmista describe la iniquidad como estilo de vida de la siguiente manera:

He aquí que gesta maldad, concibe afanes y da a luz mentira. Salmos 7:14. Concibieron dolor, dieron a luz iniquidad, Y en sus entrañas traman engaño. Job 15:35

Aquellos que participan en las obras de las tinieblas son "obreros de iniquidad", hacedores de maldad o causantes de "desgracias".

/Awen/ tiene sinónimos que comunican este sentido: **maldad** /ra/, y **malos** (antónimos de rectitud y justicia). *Ellos buscan la perdición de los justos. Salmos 141:9* De esta misma definición leemos este otro Salmo.

Los insensatos no estarán delante de tus ojos; aborreces a todos los que hacen iniquidad, destruirás a los que hablan mentira; al hombre sanguinario y engañador abominara Dios. Salmos 5:5

En este texto, se enfatiza como malvado, la mentira, el engaño y el derramamiento de sangre. El calificativo de iniquidad alcanza su máxima expresión al decir que los malos obran, hablan, engendran, piensan, conciben, recogen, aran, y cosechan maldad.

¿Cómo se generó la maldad /ra/?

...perfecto eras en todos tus caminos, desde el día que fuiste creado hasta que se halló en ti maldad. Ezequiel 28:15

Cuando en el querubín protector se detectó la maldad, entonces fue arrojado del cielo a la tierra. La escritura dice así: *profanaste tu santuario; yo, pues (Dios), saqué fuego de en medio de ti, el cual te consumió. v.18.*

Hoy por hoy, están los adversario de la raza humana, porque conocen muy bien como emplear sus planes y estrategias para engañar al hombre. Saben las debilidades humanas, dado que el querubín y sus seguidores fueron seres creados por el Dios Adonai (Señor), el único Dios creador. Por eso nos dice así el texto sagrado: *los primores de tus tamboriles y flautas estuvieron preparados para ti en el día de tu creación.* Ezequiel 28:13

Esto denota cual importante es la música, ella alcanza una vibración tan especial que penetra hasta el alma y el espíritu del hombre. Satanás conoce muy bien eso. Algunos asocian este "festín celestial" con el día de su nacimiento y creen que el querubín fue el director de música por un tiempo en el coro celestial, es decir: "experto en la materia". Tenemos ejemplos de muchos de los conciertos bailables, en donde miles de los presentes quedan envueltos bajo una opresión de encantamiento, y hasta oprimidos diabólicamente por los hechizos que lanzan las melodías de la música y las acciones indecentes lujuriosas que exceden estos espectáculos. No solo en manifiesta estas operaciones diabólicas a través de los conciertos, sino a través de películas, donde se ha pactado con el enemigo antes de lanzarlas por las salas de cine; logrando cautivar las mentes de los espectadores. Otro ejemplo de esto lo tenemos en los miles de mensajes subliminales que inconsciente-mente penetral en las mentes, controlando las acciones sin que las personas se den cuenta. Muchos están escépticos a esto y es porque no conocen cómo se mueve la influencia del control mental en el mundo espiritual y cómo quedan seducidas las almas.

Todas las criaturas angelicales fueron creadas perfectas. Pero Luzbel es comparado como: *"el sello de perfección".*

...Perfecto eras... Esto denota su posición de perfección, belleza e inteligencia. Siendo esta belleza, que le hizo sentirse, casi igual a Dios, su creador. (En ese día se halló en él la maldad). Consistió en querer ser igual.

Las Sagradas Escrituras no especifican el tiempo que pasó entre el día de su creación y el día en el cual se halló en él la maldad, (anarquía, rebelión a la autoridad). Pero sí sabemos que todo esto sucedió antes de la creación del hombre. Si bien "el querubín" tenia acceso al santo monte de Dios, el profeta Isaías relata que quiso subir todavía más alto y más aún por encima de Dios. Si Dios habita en lo más alto es digno de destacar, que quiso ir no en posición física sino por encima de la autoridad. No le bastó estar en su santo monte sino que quiso superar a Dios y ser dios. Este "ángel de luz" se convirtió en "tinieblas", de ahí la expresión: *"el misterio de Iniquidad".*

El "Misterio de la Iniquidad" es el que condena y da muerte. Siempre que en la Biblia (AT) se menciona la palabra iniquidad, tiene que ver con la condición interna del corazón del hombre, su desobediencia y su maldad. También se aplica la palabra iniquidad a los hechos cargados de injusticia que han sido cometidos. Los inicuos meditan sus estrategias para sus malvados planes.

Desde que nace la persona lleva consigo el pecado original, (la tendencia a pecar) a menos que no sea hecha nueva criatura por medio de la redención (rescate), a través de la obra de Cristo en la cruz. Esto es una intervención divina, ya que por su naturaleza el hombre está constituido en maldad y eso le impide agradar a Dios. La Biblia dice que las palabras y acciones de los hombres malvados son como veneno en los colmillos de la serpiente. (Salmo 140:3) Por esta razón el salmista David hace una oración para que las intenciones de los malvados sean derribadas.

Allí cayeron los hacedores de iniquidad; fueron derribados, y no podrán levantarse. Salmos 36:12

Observemos un detalle bien importante; aún los miembros, o partes del cuerpo del hombre pecador pueden ser instrumentos de iniquidad.

No reine, pues, el pecado en vuestro cuerpo mortal, de modo que lo obedezcáis en sus concupiscencias; ni tampoco presentéis vuestros miembros al pecado como instrumentos de iniquidad, sino presentaos vosotros mismos a Dios como vivos de entre los muertos. Romanos 6: 12-

El Misterio de la Iniquidad

El cuerpo mortal es sin lugar a duda, aquello en lo cual el pecado encuentra una vía fácil para actuar. La mente como parte del cuerpo, puede caer en tentación al ceder al pensamiento pecaminoso y llegar a contaminar todo el cuerpo. Esta es la razón por la cual hay que estar muertos al pecado y dispuestos a presentar los miembros como instrumentos de justicia diariamente para Dios.

El apóstol Pablo hace una gran advertencia diciendo: *"que presentéis"*, esto sin duda alguna tiene que ver con una decisión de la voluntad, antes de que el pecado pueda tener poder sobre un creyente, primero debe pasar a través de su voluntad. Y sigue diciendo: *vuestros cuerpos*, o sea las partes del cuerpo físico que funcionan como centro de operaciones del pecado en la vida del creyente. Y sigue añadiendo: *en sacrificio vivo*. El creyente debe entender que ahora esta viviendo bajo la gracia divina, la cual, le capacita para obedecer la palabra de verdad. Lo opuesto a esto es ser instrumentos de iniquidad, lo que tristemente tiene que ver con todo aquello que viola la voluntad y los fundamentos establecidos por la Palabra de Dios.

La Biblia dice que el "misterio de la iniquidad" ya está en acción, esto nos indica que el tal ya ha sido puesto en movimiento, es decir, ha sido activado y él mismo esta hoy funcionando en el Planeta Tierra. Lo único que se puede hacer, cuando algo esta accionado, es frenarlo, o resistirlo. Tú no puedes detener algo que no ha comenzado a moverse. Pues bien, el misterio de la iniquidad es algo que **sólo puede ser confrontado por la Iglesia de Jesucristo,** y es ella la que tiene el poder y la unción del Espíritu Santo para hacerlo.

CAPÍTULO 12

"E indiscutiblemente, grande es el misterio de la piedad: Dios fue manifestado en carne, Justificado en el Espíritu, Visto de los ángeles, Predicado a los gentiles, Creído en el mundo, Recibido arriba en gloria." I Timoteo 3:16

El Misterio de la Piedad

El Apóstol Pablo, siervo de Jesucristo, ha podido entender en forma reveladora lo que era el gran misterio de la piedad. La Biblia dice que el principio de la sabiduría es el temor a Dios, algunas veces queremos entender los misterios de Dios y sus grandezas, con nuestra mente natural, con el intelecto humano, sin embargo todo ello es inútil.

La manera más contundente de entender y conocer a Dios y Su Palabra gloriosa es cuando estamos dispuestos a ser enseñados e instruidos por medio de su revelación.

Pablo enfatiza el contenido de este gran misterio, lo cual es el secreto revelado a los hombres, su importancia y valor es grande.

Hay una palabra que Pablo utiliza indiscutiblemente, esta expresión significa sin posibilidad de discusión, sin controversias algunas, el mensaje del evangelio revelando el sacrificio perfecto de Jesucristo en la cruz, no se discute, se cree, o se rechaza.

Es indiscutible, porque está más allá de toda duda, el propósito y prioridad es producir la revelación de esta gran verdad declarada a los hombres. El fin verdadero del centro de toda

La Revelación de los Misterios de Dios

revelación no es darnos temas de especulación y discusión, sino que podamos creer en todas las palabras de las Sagradas Escrituras y caminar en bendición cada día.

La misión más grande que la Iglesia de Jesucristo tiene en esta tierra es mantener y proclamar a viva voz la verdad que Dios le ha placido revelarnos.

No se puede cuestionar a Dios, se cree en Dios, o se rechaza a Dios, no hay un estado intermedio, una tercera alternativa jamás.

La Biblia siempre nos ha hablado de dos posiciones, muerte o vida, esclavitud o liberación, condenación o salvación.

Cuando muchas veces enseñamos o hablamos de la verdad revelada por Dios son muchos los que no entienden este principio, y muchas veces son llevados a discutir, en relación a lo bíblico y escritural.

El evangelio revelado a los hombres, no es para hacernos perder el tiempo, hay que aceptarlo, recibirlo y creerlo, y cuando estamos dispuestos a recibir el mensaje de Dios en nuestras vidas, El está dispuesto a llevarnos al nivel de Su Conocimiento y de Su Sabiduría.

El misterio de la piedad, es totalmente contrario y diferente al misterio de Iniquidad.

Pablo establece diciendo que este misterio de la Piedad se manifestó de la manera siguiente:

1. Dios fue manifestado en carne.

¿Cómo es posible, que un Dios Todopoderoso, de majestad, y extraordinario poder, operando aún en la creación, tuviera tanta compasión de los seres humanos, que le plació enviar a su Unigénito Hijo amado, el Hijo del Dios viviente, y tomar nuestra naturaleza, y proyectarse a este mundo, de maldad y de pecado?

Por un hombre entra el pecado al mundo, mas por otro hombre entra la salvación de Dios al mundo.

El primer Adán separa a la humanidad de Dios, el segundo hombre que no es de la tierra, sino del cielo, reconcilia a la humanidad con Dios, para que en lugar de eterna condenación, el ser humano entre en eternidad de vida.

¿Cómo es posible, que Dios tome nuestra humanidad, débil y limitada, y envíe a Jesucristo para que tome la forma corporal igual que los seres humanos, para darnos redención?

La Biblia establece que había tres condiciones en el tiempo de la ley y la historia del pueblo de Israel, para establecer la realidad de la redención, esto tenía que ver con redimir, lo cual significa rescatar.

Rescatar a alguien para sacarlo de un lugar determinado de necesidad. Y consistía en los siguientes pasos:

- Tenía que ser pariente cercano.

- Tenía que tener voluntad y anhelo ferviente para hacerlo.

- Tenía que tener suficientes recursos económicos como para pagar el precio de ese rescate.

La Biblia no muestra que por intermedio de Jesucristo, en forma visible e humanizada, Dios redime al hombre y a la mujer del pecado mortal.

Nos rescata de la miseria del pecado, de la esclavitud de Satanás, nos arranca, de estado de muerte y desesperación, para colocarnos en las manos Omnipotentes de Dios.

Para Jesucristo efectuar y llevar a cabo este proceso de redención, tenían que haberse realizado esas tres condiciones demarcadas en la Biblia.

Él no era pariente cercano, pero tomó nuestra forma humana, nuestra forma corporal, y cuando lo hace se acerca a nuestra propia necesidad, identificándose con el hombre, pero con la gran diferencia, de nunca haber pecado.

Hablar de Dios, es hablar del medio que El envió, para identificarse con el propio hombre: Jesucristo, solo Él puede saber la necesidad, el dolor, el sufrimiento, las heridas que hay dentro del propio humano.

"En esto consiste el amor: no en que nosotros hayamos amado a Dios, sino en que él nos amó a nosotros, y envió a su Hijo en propiciación por nuestros pecados". 1 Juan 4:10

Por medio de la forma humanizada en la que Dios se hizo carne, ya es posible ser rescatado de la muerte y condenación, a la que los humanos están expuestos.

Se hizo cercano a nosotros aún en el momento de Su nacimiento, Su vida, Su sacrificio, y Su muerte, significó la victoria más grande de Dios para el ser humano.

La raíz de la palabra redención, en griego tenía tres definiciones importantes, que se resaltan en este acto.

- **Agorazo**, significa comprar en el mercado a un esclavo.

- **Exagorazo**, significa quitar del mercado al esclavo.

- **Lutroa**, tiene que ver con romper y quitarle las cadenas al esclavo.

Eso mismo fue lo que la redención por medio de Jesucristo nos ha dado, estábamos expuestos en el mercado como esclavos, el pagó el alto precio al derramar Su propia Sangre, nos quitó del mercado, y más que eso rompió toda cadena de esclavitud.

"Y conoceréis la verdad, y la verdad os hará libres". Juan 8:32

Con todo esto, hay millones que no entienden, y se preguntan cómo es posible que Dios se haya manifestado en carne.

No creen eso, no aceptan esa idea, que Jesucristo sea la expresión más grande de compasión que Dios haya proyectado a este mundo.

Indiscutiblemente grande es el misterio de la piedad. Gloria a Dios por todos aquellos que sí han creído y creen, que Jesucristo murió en la cruz, en forma humanizada, y que no hizo uso de sus atributos divinos.

Que murió en la cruz, fue sepultado inerte y sin vida, pero al tercer día de la mañana gloriosa, el Dios Padre le levantó de entre los muertos, para nunca más morir, sentándose a la diestra de Dios en los cielos.

Los sabios, los eruditos, los grandes conocedores en estos días en que nos ha tocado vivir, han llegado a decir que no logran entender, como es que Dios se haya manifestado en carne, en forma humanizada. Indiscutiblemente grande es el misterio de la piedad.

2. Fue justificado en el espíritu.

Durante Su Ministerio, Jesús estuvo respaldado continuamente por la evidencia de la unción y el poder del Espíritu Santo.

¿Quién justificó el ministerio de Cristo? El Espíritu Santo descendió sobre Jesús, en forma corporal de paloma, cuando fue a ser bautizado por Juan el Bautista, a orillas del Jordán.

En ese misterio de piedad, no solamente vemos la manifestación de Jesús en forma visible sobre este mundo, también vemos la operación contínua del movimiento del Espíritu Santo, en su vida y ministerio.

Al momento de María concebir, recibe esto por obra y gracia del Espíritu Santo, donde no intervino la voluntad y deseo del hombre, sino el propósito del tiempo señalado en la voluntad establecida por Dios.

"Cómo Dios ungió con el Espíritu Santo y con poder a Jesús de Nazaret, y cómo éste anduvo haciendo bienes y sanando a todos los oprimidos por el diablo, porque Dios estaba con él". Hechos 10:38

No fue una manifestación de las obras y deseos

de la naturaleza humana. Aunque se movió en un cuerpo corporal, el nunca conoció lo que era pecado, lo que era la mentira, pues siempre hubo verdad en su boca, no conoció jamás los efectos y cautividad de los vicios que carcomen la vida de los humanos.

Porque el misterio de la piedad, y la realidad de la manifestación de Cristo, fue justificado, sostenido, y preservado por el Espíritu de Dios.

Lo que nos enseña esto, es que cuando estamos dispuestos a vivir conforme a lo que Dios nos determina por medio de Su Palabra, que si tu estas dispuesto a entender el gran misterio de la piedad manifestado por medio de la persona de Jesucristo, te va a mostrar que cuando estas decidido a vivir para él, no solo sabrás que Dios ha perdonado todos tus pecados, sino que te quita el deseo de seguir pecando. Eso no se puede alcanzar a través de ninguna religión, rito, sacramento, o ideología, sólo lo puedes alcanzar cuando el poder de la redención te alcanza.

Es verdad que muchos son los que no entienden esto. ¿Cómo es posible que en medio de un mundo de tanta arrogancia, vanagloria, inmoralidad, vicio, y toda clase de perversión y pecado, podamos decir que hay millones de humanos en la tierra, que saben lo que es vivir sin practicar el pecado?

Viviendo para agradar a Dios, porque esto es

posible, porque el verdadero creyente no está solo, el Espíritu Santo siempre lo ayudará.

"El que practica el pecado es del diablo; porque el diablo peca desde el principio. Para esto apareció el Hijo de Dios, para deshacer las obras del diablo. Todo aquel que es nacido de Dios, no practica el pecado, porque la simiente de Dios permanece en él; y no puede pecar, porque es nacido de Dios". 1 Juan 3:8-9

Por nuestra propia fuerza no podemos lograr vivir de la manera que Dios nos enseña, mas cuando el Espíritu Santo se derrama en nuestras vidas, sí es posible, porque sólo EL nos da la fuerza y la capacidad para hacerlo.

¿Aún no se entiende? Indiscutiblemente grande es el misterio de la piedad.

3. Visto de los Ángeles.

Cuando se escuchó la noticia en el cielo, de que el Unigénito del Padre, vendría a esta tierra, los ángeles en el cielo entraron en una actividad y en una dinámica, como nunca antes se ha había visto.

Los ángeles se ponen en actividad, la noticia a María es comunicada por Gabriel.

El coro angelical anuncia que nacería un Salvador.

"Y repentinamente apareció con el ángel una multitud de las huestes celestiales, que alababan a Dios, y decían: ¡Gloria a Dios en las alturas, Y en la tierra paz, buena voluntad para con los hombres! Sucedió que cuando los ángeles se fueron de ellos al cielo, los pastores se dijeron unos a otros: Pasemos, pues, hasta Belén, y veamos esto que ha sucedido, y que el Señor nos ha manifestado" Lucas 2:12-15

Durante el tiempo de los cuarenta días de ayuno los ángeles estaban con El.

"Y estuvo allí en el desierto cuarenta días, y era tentado por Satanás, y estaba con las fieras; y los ángeles le servían" Marcos 1:13

Los ángeles estuvieron durante el ministerio de Jesucristo, en todo momento.

"¿Acaso piensas que no puedo ahora orar a mi Padre, y que él no me daría más de doce legiones de ángeles?" Mateo 26:53.

Y aún en el momento extraordinario de la resurrección fueron los ángeles que descendieron y movieron la gran piedra del sepulcro, cuando Jesucristo se levantó en victoria, para nunca más morir.

"y como no hallaron su cuerpo, vinieron diciendo que también habían visto visión de ángeles, quienes dijeron que él vive." Lucas 24:23

"y vio a dos ángeles con vestiduras blancas, que estaban sentados el uno a la cabecera, y el otro a los pies, donde el cuerpo de Jesús había sido puesto" Juan 20:12

"Y le dijo: De cierto, de cierto os digo: De aquí adelante veréis el cielo abierto, y a los ángeles de Dios que suben y descienden sobre el Hijo del Hombre. Juan 1:51

Te has puesto a pensar todo lo que Dios movió del cielo, para manifestar el gran misterio escondido a los hombres, acerca de lo que era la piedad.

Movió a su hijo, al Espíritu Santo, y a los ángeles del cielo.

"hecho tanto superior a los ángeles, cuanto heredó más excelente nombre que ellos. Porque ¿a cuál de los ángeles dijo Dios jamás: Mi Hijo eres tú, yo te he engendrado hoy, y otra vez: yo seré a él Padre, y él me será a mí hijo? Y otra vez, cuando introduce al Primogénito en el mundo, dice: Adórenle todos los ángeles de Dios. Ciertamente de los ángeles dice: El que hace a sus ángeles espíritus, y a sus ministros llama de fuego" Hebreos 1:4-7

Cuando las personas aceptan la verdad del misterio de la piedad, hay una garantía, en la cual la palabra de Dios promete lo siguiente:

"Pues a sus ángeles mandará acerca de ti, que

te guarden en todos tus caminos"
Salmos 91:11

Muchos dirán yo no creo en esto, indiscutiblemente grande es el misterio de la piedad.

4. Predicado a los gentiles.

En esto vemos revelado un plan de ternura y gran compasión de Dios:

"A lo suyo vino, y los suyos no le recibieron. Mas a todos los que le recibieron, a los que creen en su nombre, les dio potestad de ser hechos hijos de Dios; los cuales no son engendrados de sangre, ni de voluntad de carne, ni de voluntad de varón, sino de Dios. Y aquel Verbo fue hecho carne, y habitó entre nosotros (y vimos su gloria, gloria como del unigénito del Padre), lleno de gracia y de verdad". Juan 1:11-14

Este mensaje que ha comenzado a escucharse en la tierra de Palestina, ha llenado toda la faz de la tierra. Creído por aquellos que no éramos pueblo de Dios, pero en ese gran misterio de la piedad, ahora somos llamados pueblo, el Israel espiritual, que es la Iglesia triunfante de Jesucristo.

Él nos ha mirado con ternura siendo gentiles alejados de su presencia, él nos ha salvado, manifestando su ternura y gran misericordia.

En el plan Divino Dios preparó el cordero inmolado desde antes de la fundación del mundo, para redimirte y hacerte conocer su salvación, a través de Jesucristo. Tú y yo ya estábamos en los planes de Dios. Veamos lo que nos dice el Apóstol:

"Porque a los que antes conoció, también los predestinó para que fuesen hechos conformes a la imagen de su Hijo, para que él sea el primogénito entre muchos hermanos. Y a los que predestinó, a éstos también llamó; y a los que llamó, a éstos también justificó; y a los que justificó, a éstos también glorificó"
Romanos 8:28 y 29

¿Puedes ver la obra perfecta de la redención?

¿Cómo es que Dios extendió su amor y su compasión? Amándote, perdonándote todo a través de Su sacrificio, y no solo te justifica delante del padre sino que te glorifica, es decir; te da la garantía de la vida eterna. Pues indiscutiblemente grande es el misterio de la piedad.

5. Creído en el mundo.

Cuantos intentos no ha habido para frenar la propagación del evangelio, cuantas formas Satanás no se ha inventado para impedir la predicación del evangelio. Cuantas persecuciones en el imperio de Roma, ha habido para tratar del impedir que el cristianismo, siguiera impactando a los humanos, en toda la faz de la tierra.

De acuerdo a lo que nos describe la historia de la Iglesia primitiva, por cada cristiano que mataban, diez se convertían al cristianismo.

Este es un mensaje creído en el mundo, nadie lo ha podido ni lo puede detener, porque el es mensaje del cielo, con la garantía de poder y autoridad del Dios que lo ha establecido.

Hay mucha preocupación en esta hora en los líderes religiosos, porque el evangelio sigue expandiéndose en forma poderosa a las naciones.

Un mensaje creído, esto no es una religión más, es la vida de Dios en los humanos, que irrumpe en poder y vida abundante.

"Y yo también te digo, que tú eres Pedro, y sobre esta roca edificaré mi Iglesia; y las puertas del Hades no prevalecerán contra ella" Mateo 16:18

Estamos en el umbral del avivamiento más grande que el Espíritu de Dios, haya producido en la tierra.

Indiscutiblemente grande es el misterio de la piedad.

6. Recibido arriba en gloria.

Jesucristo al resucitar, se levanta entre los muertos, convive con sus discípulos por espacio de 50 días. Les enseña, les habla, les demuestra que Él es.

Los instruye acerca de todo lo que ellos tenían que continuar haciendo, en la encomienda que ahora les delegaba.

Los lleva al monte de los olivos y se despide de ellos, junto a ellos dos ángeles, y en una nube comienza a levantar a Jesucristo en el aire, ese mismo Cristo que había descendido a la tierra, para cumplir con la agenda profética de Dios.
Ahora nuevamente el cielo se abre para recibirlo, no en forma humanizada, sino en forma divina, inmortal e incorruptible, lleno de gloria y majestad.

Que misterio tan grande que una nube levante a Jesús desde la tierra, y lo eleve hasta la misma gloria del Dios Eterno.

"Y habiendo dicho estas cosas, viéndolo ellos, fue alzado, y le recibió una nube que le ocultó de sus ojos. Y estando ellos con los ojos puestos en el cielo, entre tanto que él se iba, he aquí se pusieron junto a ellos dos varones con vestiduras blancas, los cuales también les dijeron: Varones galileos, ¿por qué estáis mirando al cielo? Este mismo Jesús, que ha sido tomado de vosotros al cielo, así vendrá como le habéis visto ir al cielo"
Hechos 1:9-11

Los discípulos perplejos, y algunos atemorizados, no entendían que su Señor se iba de ellos, para hacer la entrada triunfal en la eternidad celestial.

Mas los mensajeros celestiales confirmaron que Jesucristo volvería, es notable que antes que El dejara a sus discípulos, les prometió que volvería.

Ahora los ángeles declaran a los discípulos, no os quedéis mirando al cielo, Jesús volverá, mas os resta a vosotros hacer ahora lo que El les ha encomendado.

Con cuanta frecuencia le sucede a miles de creyentes, que se quedan detenidos en la maravillosa promesa de su advenimiento, con la gloriosa esperanza del arrebatamiento de la Iglesia, mientras por otra parte se han olvidado que esta gran promesa, debería producir una profunda carga por la evangelización de mundo.

Jesús determinó lo siguiente:

"Bienaventurado aquel siervo al cual, cuando su señor venga, le halle haciendo así. Mateo 26:46

Resumiendo este gran misterio de la Piedad sería lo siguiente:

El misterio de la Piedad es Jesucristo mismo, El es el Dios hecho carne y fue manifestado a los hombres. Dios manifestó a los hombres a su propio Hijo que tomó forma humana. Aunque despreciado y reprochado como pecador, se entregó en muerte a la cruz como un malhechor.

Mas el resucitó por el poder de la resurrección enviado por el Espíritu de Dios, y así fue justificado de todo aquello que los hombres le habían acusado.

Los ángeles le sirvieron desde que nació, hasta que resucitó y ascendió a los cielos, para sentarse a la diestra de Dios Padre.

Los gentiles aceptaron las buenas nuevas del evangelio, mientras que los judíos la rechazaron.

Es maravilloso, pero a la vez, indiscutiblemente grande es el misterio de la piedad.

Esta es la hora para que el misterio de la piedad que ha impactado a millones de hombres y mujeres en toda la faz de la tierra, puede estremecer tu propia vida, no trates de razonarlo con tu mente humana, con tu intelecto natural, atrévete sólo a creer y te aseguro que el Cristo de vida y poder revelado en el misterio de la piedad, guiará y dirigirá tu vida a un destino eterno.

CAPÍTULO 13

"Sino que en los días de la voz del séptimo ángel, cuando él comience a tocar la trompeta, el Misterio de Dios se consumará, como él lo anunció a sus siervos los profetas."
Apocalipsis 10:7

El Misterio de Dios

La séptima trompeta será sonada sin retardo adicional. El misterio de Dios, es el tema de toda la Biblia y del resto del Apocalipsis.

Ese misterio, indudablemente, es algo no fácil de entender; no obstante, como veremos, Dios ya lo había revelado a sus siervos los profetas, por medio de cuyos Escritos poder observar y leer analizando cada uno de estos detalles.

El texto que habla sobre el juramento que hizo el ángel, dice así:

"Y juró por el que vive por las edades de las edades, el cual creó el cielo y las cosas que hay en él, y la tierra y las cosas que en ella hay, y el mar y las cosas que hay en él, que ya no habrá más tiempo, sino que en los días del sonido del séptimo ángel, cuando él esté a punto de tocar la trompeta, también se habrá consumado el misterio de Dios, tal como lo anunció a sus siervos los profetas" Apocalipsis 10:7

Básicamente el juramento de aquel ángel consiste en que, cuando el séptimo ángel vaya a tocar su trompeta, habrá tenido lugar el misterio de Dios.

De modo que el juramento se basa en la consumación del misterio de Dios. Y para saber cuál es este misterio, primero debemos tener presente dos cosas:

1. El misterio se consumará inmediatamente antes de que el séptimo ángel toque su trompeta.
2. No se llevará a cabo exactamente cuando el sexto ángel toque la trompeta, sino después, cuando lleguen los días en que el séptimo ángel tenga que tocar la suya.
3. Dios anunció ese misterio a sus siervos los profetas.

Es de entender que este glorioso ángel de Dios aparece en escena justamente después de relatarse el sexto toque de trompeta, y antes de tocarse la séptima.

Así que para saber qué ocurre un poco antes de ser tocada la séptima trompeta, debemos leer el capítulo 11, ya que en el capítulo 9 se relata lo que ocurre al tocarse la sexta trompeta, y en el capítulo 10 ocurre una especie de intermedio, en el cual apenas se dice que cuando lleguen los días del séptimo ángel, el misterio de Dios se consumará.

Cuando el ángel hizo el solemne juramento, no habían llegado los días del séptimo ángel.

Esto es un contraste magnífico con el " misterio de la iniquidad " El misterio del esquema. Es la revelación del Dios, de la salvación, redención, justificación y santificación, ocultado una vez en los consejos secretos de su misma presencia y demarcados a través de toda la Palabra escrita, en distintos tipos de profecías, pero ahora de acuerdo al misterio revelado, se hace cada vez más claro de acuerdo a la proclamación del evangelio del reino.

Entonces finalmente sus siervos lo adoran con mayor intensidad, por la revelación gloriosa del misterio en llevarse a sus santos al reino, que El mismo ha preparado desde antes de la fundación del mundo.

En el Nuevo Testamento, como hemos dicho anteriormente un misterio es una verdad que Dios oculto pero que ha revelado a través de Jesucristo mismo y las enseñanzas dadas a los Apóstoles por medio de la inspiración del Espíritu Santo.

En el texto que estamos indicando aquí el misterio es la consumación final de todas las cosas a medida que Dios trae juicio por consecuencia del pecado y establece su reino de justicia en la tierra, como el mismo lo ha anunciado.

La Revelación de los Misterios de Dios

Este misterio, aunque no fue revelado por completo, si fue declarado a los profetas de Dios. Uno de los misterios que más realza el Nuevo Testamento es que Dios haría provisión para la salvación de los gentiles tanto como para los judíos

Observa en detalles como el ángel poderoso da un juramento solemne que declara que todo el misterio de Dios se consumara, como El mismo lo había anunciado desde tiempos antiguos.

El hecho de algo consumado significa, llevar a cabo totalmente una cosa, por lo tanto esto tiene que ver con el gran cumplimiento de todo aquellos que el mismo Dios de gloria y poder determina finalmente llevar a cabo tal como 'El mismo lo ha declarado por medio de la revelación contundente de su propia Palabra.

EPÍLOGO

Pensemos en cómo será aquel momento cuando todas las limitaciones, barreras, e impedimentos que tenemos en nuestra naturaleza humana, repentinamente sean quitadas y seamos transformados en un abrir y cerrar de ojos.

Cuando esto suceda comenzaremos a ascender, hacia lo alto, muy alto, y más alto, hasta llegar a la misma presencia del Señor y juntos entrar para contemplar el trono del Eterno y Soberano Dios, junto a la compañía de los santos, incontables en su número.

Los ángeles por millones, están contemplando tal escena jamás llevada a cabo y mientras llegamos, nos unimos a una nueva canción, es un canto extraordinario, que quedamos impactados por su grandeza y esplendor.

Es el entonar de la canción de los redimidos, sí, de toda lengua, nación, raza, y color. Todos sin excepción, fluyen sin limitaciones, uniéndose al canto angelical en una estruenda y poderosa alabanza. Es una sublime adoración jamás escuchada en ninguna parte de la gran expansión.

Oye atentamente, la letra de esta hermosa alabanza que se escucha pronunciar por millones de millones, es: "Digno eres de recibir la gloria y adoración, porque solo tú, Jesús nos has redimido para Dios nuestro Padre, de todo linaje, pueblo, y nación".

Es maravillosa la dulce y melodiosa armonía sin par llena todos los lugares del gran trono celestial, resuena por todo lugar.

El resplandor de tan hermoso e incomparable lugar deja extasiada a la multitud que adora sin dejar de contemplar, el brillar de las calles de oro, y el sereno y traslucido mar de cristal. Todo es perfección, grandeza y gloria sin par.

OH que gran escena, al estar en este lugar de esplendor sin igual, es allí donde tú y yo estamos uniéndonos al canto de los que han pasado a ser inmortal, para estar para siempre y por la eternidad.

Si, sólo la Preciosa Sangre del Cordero de Dios, Jesucristo nuestro Señor, nos ha redimido y nos da el derecho para tan grande herencia en los cielos.

Atención de repente un gran silencio se produce sobre la innumerable multitud, si, es verdad, un silencio santo, por un momento, los instrumentos han dejado de sonar, todos observando al gran trono de Dios sin igual.

Son las noticias que corren por doquier, de los últimos acontecimientos en la tierra, el gran dragón, el padre de mentira y engaño ha tratado de ascender a los cielos pero Miguel y sus ángeles han salido a pelear contra él y le han vencido, Satanás ha sido derrotado, esto es una gran noticia.

Como cascadas torrentes de aguas frescas y cristalinas la alabanza llena el lugar celestial, y otra vez, mientras una voz como de trompeta comienza a decir:

Ahora ha venido la salvación, el poder y el reino de nuestro Dios y la autoridad de Cristo, porque ha sido lanzado fuera, el acusador de nuestros hermanos, el que los acusaba delante de nuestro Dios día y noche.

Si, ellos le han vencido por medio de la Sangre del Cordero, y de la Palabra del testimonio, y porque menospreciaron su vida hasta la muerte.

De repente, como por inspiración divina, la gran multitud comienza a marchar más cerca hacia el trono del Padre Eternal, ataviados con vestiduras blancas, sin manchas ni arrugas, rodeados por ejércitos de ángeles.

En medio de este gran acontecimiento nunca visto en el cielo, alguien pregunta: ¿Quiénes son estos que están con vestiduras blancas? ¿Y de dónde vienen?

Mientras esta pregunta está a punto de contestarse, los 24 ancianos se postran delante del trono del gran Dios, sobre sus propios rostros.

Mientras todo esto acontece hay un resplandor de gran gozo en la incomparable multitud, cuando de repente la respuesta viene: "escuchen todos con atención".

"Estos son los que han salido de la gran tribulación y han lavado sus ropas, y las han emblanquecido en la sangre del Cordero".

Si, así es, lo único que les hacen digno de estar en pie ante el trono, es el poder de la Sangre de Jesucristo, es lo que les ha limpiado.

Hasta cuando estaremos allá, no lo debemos preguntar porque en ese hermoso día, se habrá producido nuestra entrada en la eternidad.

Nuestra oración al terminar este libro es la siguiente:

Señor Jesucristo, Rey de nuestra existencia, ayúdanos a mantenernos siempre pensando en esa hora triunfante, en que nada ni nadie nos impedirá que estemos para siempre contigo. Mientras nos acercamos a ese maravilloso momento, ayúdanos a ser responsables, cumpliendo con la Gran Encomienda de ser tus testigos en las naciones, proclamando sin cesar que tú eres la única y verdadera respuesta y esperanza que los humanos necesitan conocer, porque recibiéndote a Ti lo tiene todo, pero rechazándote a Ti lo han perdido todo, incluyendo la vida eterna.

BIBLIOGRAFÍA

Biblia Plenitud. Versión Reina-Valera, Revisión 1960, ISBN: 089922279X, Editorial Caribe, Miami, Florida.

El Pequeño Larousse Ilustrado. 2002 Spes Editorial, S.L. Barcelona; Ediciones Larousse, S.A. de C.V. México, D.F., ISBN: 970-22-0020-2.

***Reina-Valera* 1995 - Edición de Estudio, (Esta-dos Unidos de América: Sociedades Bíblicas Unidas) 1998.**

Strong James, LL.D, S.T.D., *Concordancia Strong Exhaustiva de la Biblia*, Editorial Caribe, Inc., Thomas Nelson, Inc., Publishers, Nashville, Tennessee - Miami, FL, EE.UU., 2002. ISBN: 0-89922-382-6.

Vine, W.E. *Diccionario Expositivo de las Palabras del Antiguo Testamento y Nuevo Testamento.* Editorial Caribe, Inc./División Thomas Nelson, Inc., Nashville, TN. ISBN: 0-89922-495-4, 1999.

Biblia de Estudio Arco Iris. Versión Reina Valera, revisión 1960. Coypyright © 1995, Broadman & Holman Publishers, Nashville, Tennessee. ISBN: 1-55819-555-6 (Rainbow Study Bible, Broadman &

Holman)

Biblia Plenitud. 1960 Reina-Valera Revisión, Copyright© 1994, Editorial Caribe, Miami, Florida. ISBN: 089922279X

El Pequeño Larousse Ilustrado, Copyright © MCMXCIX Ediciones Larousse de Colombia, LTDA, Santafe de Bogota, D.C. Colombia. ISBN 958-8058-02-3

Vine, W.E. Diccionario Expositivo de las Palabras del Antiguo Testamento y Nuevo Testamento. Editorial Caribe, Inc. /División Thomas Nelson, Inc., Nashville, TN, ISBN: 0-89922-495-4, 1999. (Vine's Expository Dictionary of Old and New Testament Words, Thomas-Nelson, Inc.)

La Biblia de Referencia Thompson, Versión Reina-Valera 1960 copyright © 1987 The B.B. Kirkbride Bible Company, Inc. Y Editorial Vida, Miami, FL.
 ISBN: 0829714448 (original The Thompson Chain Reference © 1983 The B.B. Kirkbride Bible Company, Inc., Indianapolis, Indiana.)

Biblia de Estudio MacArthur, Version Reina-Valera 1960 Copyright © 2004 Editorial Portavoz, filial de Kregel Publications, Grand Rapids, MI. ISBN: 08254-1532-2 (original The MacArthur Study Bible, © 1997 Word Publishing, Thomas Nelson, Inc. Nashville Tennessee.)

Otras Obras de JVH Publications

DR. JOSE ZAPICO

EL PODER DE SU SANGRE

Otras Obras de JVH Publications

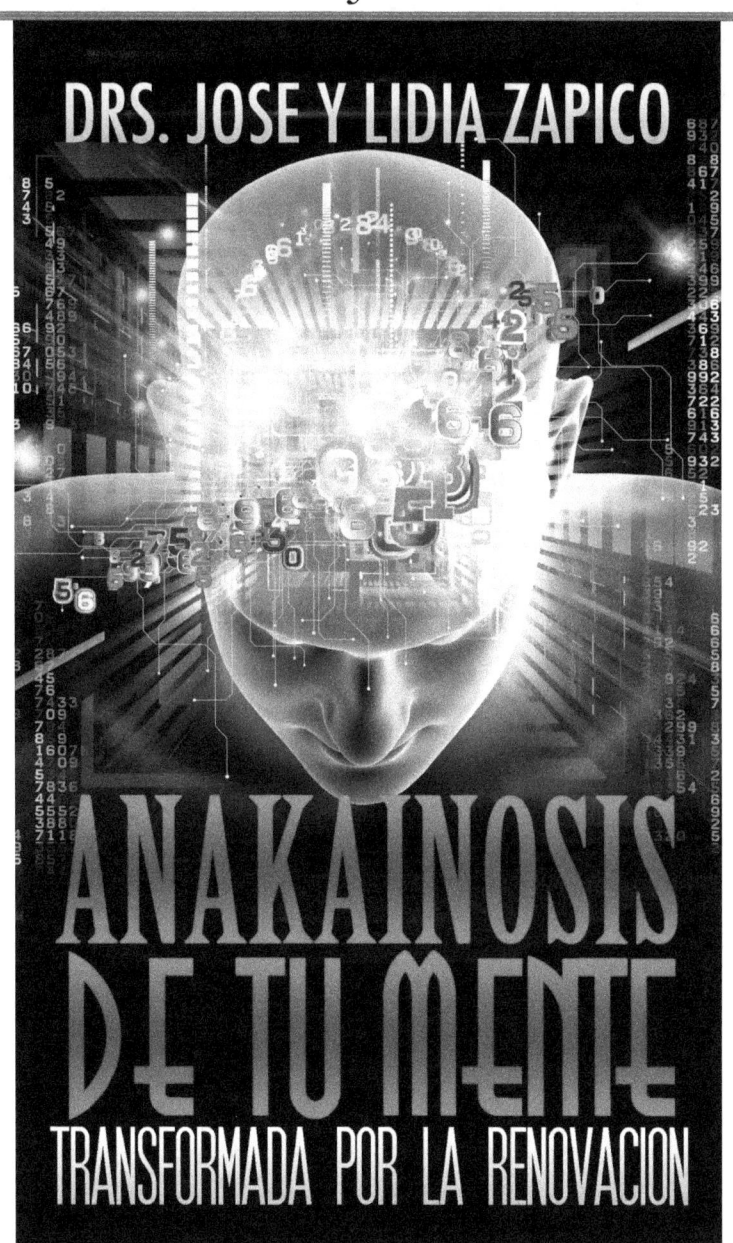

Otras Obras de JVH Publications

Otras Obras de JVH Pubications

Otras Obras de JVH Pubications

Otras Obras de JVH Publications

DRS. JOSE & LIDIA ZAPICO

Maldición
o
Bendición

ALINEÁNDOTE CON DIOS

Otras Obras de JVH Pubications

www.ingramcontent.com/pod-product-compliance
Lightning Source LLC
LaVergne TN
LVHW051516070426
835507LV00023B/3150